STUTTGART, 17. 7. 1956 - SALEM (WIS.) / USA, 3. 3. 1977

PORTIKUS FRANKFURT AM MAIN

IMPRESSUM

Diese Publikation erscheint anläßlich der Ausstellung
Stuttgart, 17. 7. 1956 - Salem (Wis.) / USA, 3. 3. 1977
im Portikus Frankfurt am Main
4. Juli - 16. August 1998

Direktor: Kasper König
Kuratorin: Angelika Nollert
Sekretariat: Karin Hartung

Katalog: Jaqueline Jurt, Angelika Nollert,
Harald Pridgar, Haegue Yang und KünstlerInnen

Gestaltung: Günzel / Rademacher, Offenbach
und KünstlerInnen

Produktion: Günzel / Rademacher, Offenbach

Künstlerporträts: Achim Lengerer, Frankfurt

Druck: Bönsel, Lautertal
Buchbinder: Köhler, Dietzenbach

Auflage: 1000

© Portikus Frankfurt am Main und KünstlerInnen,
  1998

ISBN 3-928071-38-6

INHALT

VORWORT

„Stuttgart, 17. 7. 1956 - Salem (Wis.) / USA, 3. 3. 1977" lautet der Titel der vorliegenden Publikation sowie der von dieser begleiteten Ausstellung im Portikus Frankfurt am Main. Er scheint zunächst keinen konkreten Hinweis auf die hier vorgestellten Inhalte zu bieten. Die im Titel genannten Geburtsorte und -daten beziehen sich auf den ältesten und den jüngsten Teilnehmer der Ausstellung, an der ausschließlich Studenten der Städelschule beteiligt sind.

Sie verweisen ebenfalls auf die Internationalität der Studierenden, die ein Charakteristikum der Frankfurter Akademie bildet. Der Anteil der ausländischen Studenten an der Städelschule Frankfurt ist auffällig hoch im Vergleich zu dem anderer deutscher Kunsthochschulen. Dies zeigt nicht allein den weitreichenden Ruf dieser Akademie, sondern spiegelt auch ihren großen Einflußbereich. Die Internationalität der Studierenden findet eine Entsprechung in der Internationalität der Professoren.

Zur Zeit werden 154 Städelschüler von 10 Professoren unterrichtet. Dieses ideale Zahlenverhältnis ist Garant für eine intensive Betreuung der einzelnen Studierenden.

Die Städelschule Frankfurt am Main, Staatliche Hochschule für Bildende Künste, wurde 1817 als Akademie durch eine Stiftung des Frankfurter Bürgers Johann Friedrich Städel gegründet, aus der ebenfalls das Städelmuseum hervorgegangen ist. Die enge Verknüpfung von Akademie und Museum, dessen Sammlungsbestand den Studenten als Anschauungsmaterial dient, hat sich bis heute erhalten. Wenngleich Gemäldesammlung und Kunstschule seit der Weltwirtschaftskrise 1923 keine Zusammengehörigkeit mehr besitzen, existiert ihre räumliche Verbundenheit doch weiterhin. Mit der Überwindung der klassischen Akademieausbildung hat sich auch der Anspruch an das Anschauungsmaterial geändert. Nicht allein der Vorbilderkanon der Gründungszeit ist aufgebrochen, sondern auch die Hierarchie der Gattungen und Techniken, was in der Offenheit der heutigen Ausbildung sowie der künstlerischen Gestaltungsweisen zum Ausdruck kommt.

Als Informationsmöglichkeit und Orientierungshilfe erscheint nun vor allem der 1987 gegründete Portikus, eine Ausstellungshalle zeitgenössischer Kunst, die von der Städelschule getragen wird und damit auch inhaltliche Unabhängigkeit beanspruchen kann. Der Portikus ist durch seine zahlreichen aktuellen Ausstellungen zu einer festen Größe geworden.

Die Errichtung der Ausstellungshalle, die auf dem Platz der zerstörten ehemaligen Stadtbibliothek steht und sich mit dem erhaltenen Rudiment des Portikus schmückt, bildet im Kontext der Frankfurter Museumsarchitektur durch ihre Containerbauweise und mit ihrer überschaubaren Ausstellungskapazität ein Gegenmodell, das eigenen Konzepten Folge leistet. Die schlichte Kunstkiste erfordert ein konzentriertes und komprimiertes Arbeiten der einzelnen Künstler vor Ort. Die Wiederbelebung eines historischen Ortes schafft einen Traditionsanspruch, der durch die Architektur sofort ironisch hinterfragt wird.

Die vielen Ausstellungen haben die Verwandlungsmöglichkeit des Portikus deutlich bewiesen, ebenso seinen Facettenreichtum in der Wahl der Künstler. Die meisten Ausstellungen widmeten sich einem oder zwei Künstlern, wenige Gruppenausstellungen haben das Programm ergänzt. Diese waren dann einem Thema unterstellt, wenn nicht die Auswahl der Künstler sich in der Verwandtschaft ihrer Ansätze begründete oder gerade ihre Zusammenstellung eine pointierte Sichtweise auf ihr Schaffen erlaubte.

Der Portikus ist immer auch als Scharnier zwischen der Städelschule und der Stadt Frankfurt bezeichnet worden, zweier Pole, für die er von hoher Bedeutung ist. Deren Verbindung wird durch die ausstellenden Künstler geschaffen. So hatten sowohl die Professoren der Städelschule Gelegenheit, ihre Arbeiten zu präsentieren, als auch zahlreiche Künstler, die aus der Frankfurter Akademie hervorgingen.

Vor diesem Hintergrund bildet die Ausstellung der Städelschüler eine in den Rahmen passende Besonderheit. Sie weicht von dem Grundsatz ab, daß Studenten der Städelschule nicht im Portikus ausstellen sollen. Kein Student wird so anderen vorgezogen und kann seine individuelle Arbeitsweise erst einmal ausbilden, bevor es zu einer öffentlichen Präsentation kommt.

Anläßlich des zehnjährigen Portikusjubiläums im Oktober 1997 entstand die Idee, den Städelschülern eine Ausstellung zu ermöglichen. Über die Hälfte der Studenten, nämlich 96 Teilnehmer haben sich gemeldet. Um die Vielzahl dieser Ausstellungsteilnehmer überhaupt fassen zu können, mußte ein Ordnungsschema gefunden werden. Im Rahmen eines Seminars fiel zwischen möglichen Varianten die Entscheidung auf ein astrologisches System. Es erschien sinnvoll, die Studenten gemäß ihren Tierkreiszeichen auf zwölf Gruppen zu reduzieren, in denen dann die Arbeiten entwickelt würden. Ein verbindliches Thema wurde nicht vorgegeben.

Die einzelnen Gruppen haben nun ihre Aufgabe sehr unterschiedlich gelöst. Manche haben sich gemeinsam ein Thema gesetzt und behandelt, andere eine übergreifende Repräsentationsform für ihre individuellen Arbeiten gefunden, während vor allem Studenten kleinerer Gruppen es vorzogen, für sich allein zu arbeiten. Die meisten Werke sind speziell für diesen Anlaß geschaffen worden. Jeder Teilnehmer sollte darüber hinaus die Möglichkeit erhalten, durch die Gestaltung einer Doppelseite im Katalog gleichsam eine zweite eigene Arbeit zu verwirklichen. Ein Großteil der beteiligten Studenten hat diese Chance ergriffen. Die Katalogseiten stehen somit nicht zwingend im Zusammenhang mit den im Portikus ausgestellten Arbeiten. Sie formieren sich zu einem unabhängigen Werk, zu einem autonomen Handbuch künstlerischer Ideen. Wie in der Ausstellung zeigen sich auch hier die sehr unterschiedlichen, medial differenzierten Arbeitsweisen der Studenten, die Vielfalt ihrer künstlerischen Ansätze: die Studenten präsentieren themenunabhängig ihre aktuelle Arbeit.

Bei der vorliegenden Publikation handelt es sich nicht um einen dokumentierenden Ausstellungskatalog, sondern um ein Künstlerbuch. Damit die Struktur der Ausstellung sich jedoch im Katalog spiegelt, wurden die Beiträge der Künstler nicht chronologisch nach ihrem Alter, sondern nach ihrem Tierkreiszeichen und damit in der Folge ihrer Geburtstage im Jahr angeordnet. So werden die ausstellenden Gruppen im Portikus auch anhand des Buches nachvollziehbar.

Ein herzlicher Dank geht an die Grafiker Barbara Rademacher und Wolfgang Günzel aus Offenbach, die in bewährter Manier und mit großem Engagement die Entstehung und Produktion des Kataloges betreuten. Ebenso danken wir den Städelschülern Haegue Yang, Jaqueline Jurt und Harald Pridgar für ihre Mitarbeit am Katalog.

Besonders herzlich möchten wir uns natürlich bei den Studenten der Städelschule für ihre viele Arbeit an der Ausstellung und ihre Beiträge für den Katalog bedanken.

Beides, Exponat und Katalogbeitrag, steht repräsentativ für die gegenwärtig an der Hochschule entwickelten künstlerischen Ideen und Positionen.

Kasper König   Angelika Nollert

Arbeitslosen-Café - Ich habe meine erste Einzelausstellung 1987 selbst organisiert. Ich war neunzehn Jahre alt und ging in Neustadt zur Schule. Meine Eltern besaßen ein großes Haus mit Ferienwohnungen, die sie im Sommer vermieteten; im Winter richtete ich mir in einem der Appartements ein Atelier ein, wo ich Bilder mit Wandfarbe auf Schrankrückwände malte. Ich fand, daß die Zeit reif war für eine Ausstellung. In Neustadt gab es mehrere Möglichkeiten: Die Gemeinschaft Neustädter Künstler stellte regelmäßig in der Stadtbibliothek aus, war aber dermaßen hermetisch gegen Außenseiter abgeriegelt, daß ich diese Variante von vornherein für mich ausschloß. Also probierte ich zunächst etwas anderes: Mein ehemaliger Kunstlehrer hatte zusammen mit seiner Frau eine kleine Galerie eröffnet. Diese Galerie war eigentlich auch nur ein Verkaufsstand des Künstlervereins, der nebenbei noch kunsthandwerkliche Souvenirs im Angebot hatte. Dort fanden keine Ausstellungen statt, vielmehr hingen die Wände ständig voller Bilder, die wie Konsumgüter mit Preisschildern versehen waren. Eine One-Man-Show konnte ich dort also nicht machen, aber, dachte ich mir, Galerie ist Galerie. Also nahm ich eins meiner schönsten Bilder (zweiteilig, Dispersion auf Spanplatte) und ging zu der Kunsthandlung. Die Frau des Kunstlehrers nahm es in Kommission, mit dem Hinweis auf die dreißigprozentige Provision, die sie vom Verkaufswert einbehalten würde. Noch am selben Abend rief der Kunstlehrer selbst bei mir an und bedauerte, daß das Bild zu schwer für die Wände sei und ich es wieder abholen müsse. Ich beschloß, trotz dieser Abfuhr nicht aufzugeben. Ein Freund gab mir den entscheidenden Tip: Es gab in Neustadt ein alternatives Kulturforum, eine Art Kooperative, in der sich auch einige meiner Freunde engagierten. Dieses Forum hatte seine Zentrale in einem alten Ladengeschäft, das etwas dezentral gelegen war, aber das spielte bei der Größe der Stadt ohnehin keine Rolle. Ich ging ohne Voranmeldung zu einer der Veranstaltungen (sonntags: Arbeitslosenfrühstück) und stellte mein Projekt vor. Obwohl ich keine meiner Arbeiten mitgebracht hatte, bekam ich sofort eine Zusage; wir vereinbarten einen Eröffnungstermin (wiederum an einem Sonntagvormittag während des Arbeitslosenfrühstücks) und klärten weitere Organisationsfragen: Das Forum würde Getränke (Bier, Orangensaft, Wasser) in etwa zum Selbstkostenpreis verkaufen, ich übernahm den Transport der Bilder und die Herstellung und die Distribution der Flyer und Plakate; Provisionsansprüche wurden nicht erhoben. Das Ende der Ausstellung wurde offengelassen. Mit Hilfe eines alten Linolschnitts und Letraset-Lettern stellte ich ein Plakat her, das, auf DIN A 5 herunterkopiert, gleichzeitig als Flyer diente. Zwei oder drei Wochen vor dem Eröffnungstermin begann ich, meine Werbeträger an Geschäfte, Kneipen, Freunde, Verwandte und Mitschüler zu verteilen. Auch das Transportproblem konnte ich relativ einfach lösen: Die Eltern eines Freundes liehen mir den Lieferwagen ihrer Fahrradschlosserei, mit dem ich die Exponate in einer Fuhre aus meinem Atelier ins Forum bringen konnte. Die Installation war nach einem Nachmittag abgeschlossen, ich hängte die Bilder mit Hilfe einiger Freunde und Mitarbeiter des Kulturforums nach Augenmaß auf und lehnte zwei größere Arbeiten einfach an die Wand. Zur Eröffnung kam ein sehr großer Teil meines Freundeskreises, einige entferntere Bekannte, meine Eltern und ein paar Leute, die durch die Plakate auf die Ausstellung aufmerksam geworden waren. Natürlich war auch das Arbeitslosenfrühstücks-Publikum anwesend, nahm aber wenig Anteil am Eröffnungsgeschehen. Wenige Tage später wurde ich von einer Bedienung in meiner Stammkneipe gefragt, ob und zu welchem Preis ich ein bestimmtes Bild aus der Ausstellung verkaufen würde; die Frau war nicht auf der Eröffnung gewesen, hatte aber gute Kontakte zum Kulturforum und war bei einer anderen Veranstaltung auf die Arbeit aufmerksam geworden. Wir einigten uns auf einhundertundachtzig D-Mark.

PETER LÜTJE, 11. 01. 1968 | 9

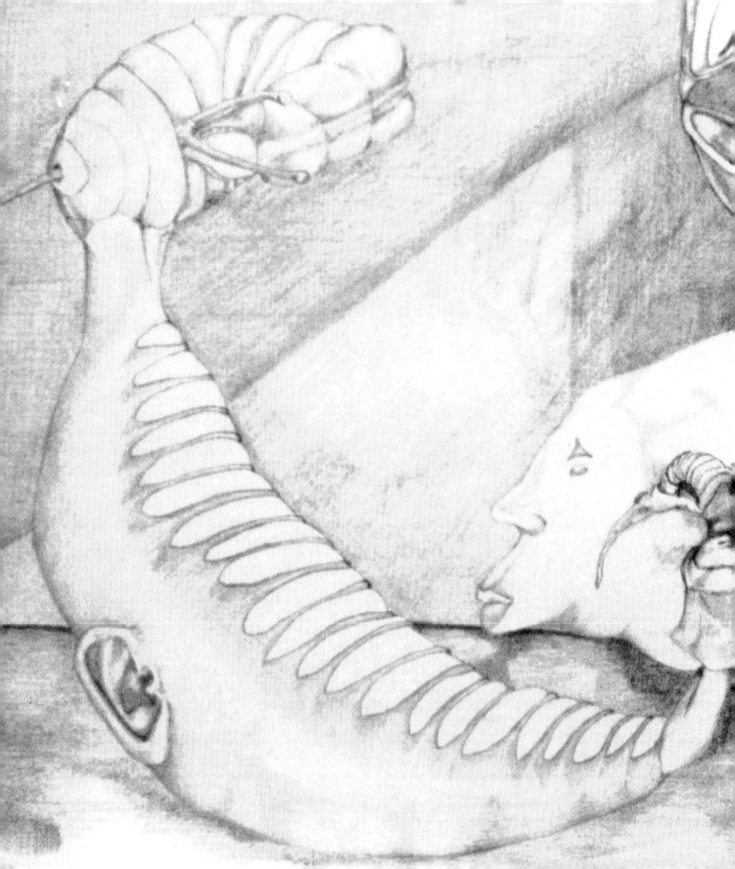

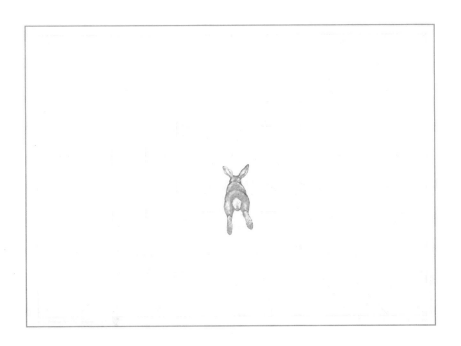

Mein erstes gutes Paar Schuhe

JENS RISCH, 25. 01. 1973, feat. JOAQUIM SARAIVA MARQUES (FOTOGRAFIE)

Dreidimensionale Malerei
1998

testseite zur qualitätsorientierung   katalog - portikus ausstellung nr. 87

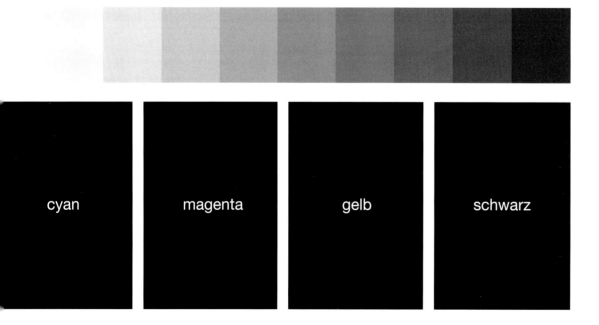

cyan   magenta   gelb   schwarz

Tunnelprojekt

Vorbild und Ursprung der Idee
zum Bau eines Tunnels ist
das Wagnis Gefängnisausbruch
oder Bankeinbruch. Es ist die Vor-
stellung von der monatelangen Klein-
arbeit einzelner Menschen, getrieben
vom Freiheitsstreben bzw. vom
Mythos ewigen Reichtums. Der
Tunnel ist Mittel, der Unerträglichkeit
beengender Verhältnisse zu entfliehen
und wird zur Möglichkeit, die ersehn-
ten Lebensbedingungen zu erlangen.

Anforderungen an das Zielgebäude

Wichtigstes Kriterium für die Auswahl
des Gebäudes, das via Tunnel eine

Fortsetzung S. 139

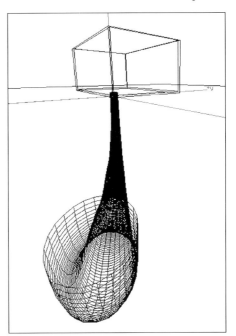

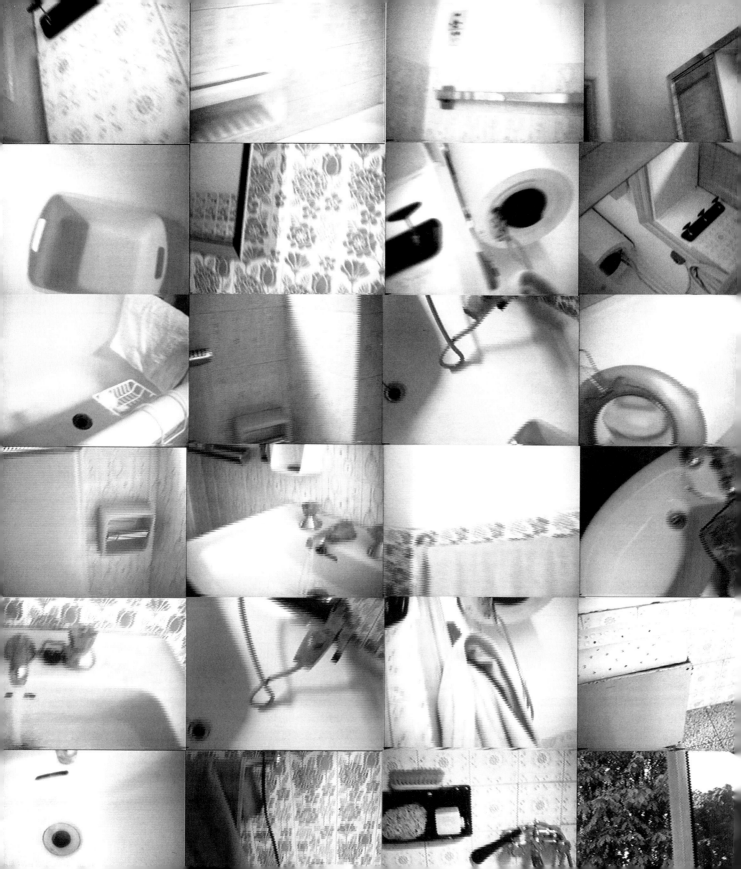

ADRIANA PICCIO, 07. 02. 1976 | 23

JUDITH RAUM, 10. 02. 1977 | 25

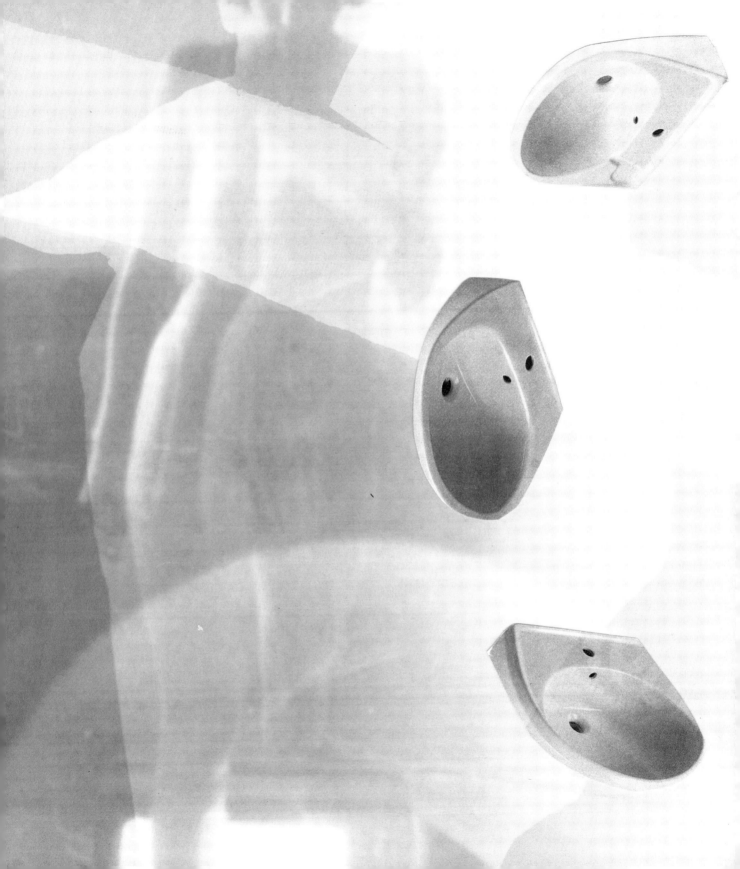

Это случилось холодным осенним днём 1993-го года...
Dies ereignete sich an einem kalten herbstlichen Tag im Jahre 1993...

Жажда
(Фильм-подвиг)

Торопитесь за водою, наливайте её в вёдра.
Пейте воду. Пейте воду. Пейте воду.
Да, сейчас я тоже напьюсь воды.
Вода. Вода – это так здорово, особенно, когда
Три дня не пил, а я уже три дня не пил.
Меня мучает такая ужасная жажда!
Жажда ужасная. Жажда ужасная.
Не могу пить ничего, кроме воды.
Меня мучает жажда.
Я ненавижу Кока-Колу! Я ненавижу пиво!
Я ненавижу вообще всё жидкое, кроме воды!
Вода. Вода.
У меня уже скоро мозги станут жидкими.
Я выпью свои мозги, я съем своё говно,
Если я не напьюсь воды!
Вода! Вода! Вода! Вода! Вода!
Вода – это так здорово.
    Когда ты напитый воды той,
    Воды ты напитый водитель,
    Водитель, напитый воды,
    Это водитель – ещё туды-сюды!
    А водитель, не напитый воды,
    Это водитель – ни туды и ни сюды!
Вода! Вода! Вода!
Жажда. Меня мучает жажда.
О боже, какой сушняк, если и сейчас воды не
Будет, я совсем умру.
Сушняк, сушняк, меня мучает жажда!
Ну! Потекёт вода сегодня или н-не-нет?
Потекёт, конечно, потекёт вода. Потекёт!
Я не скрываю восторг!
И ты не скрываешь восторг!
И мы не скрываем восторг!
И я не скрываю восторг.
Вода, вода! Ура, вода, здорово!
Вода, вода, вода-а-а-а. Наконец-то я напился,
И мне хорошо.
Мне стало совсем, совсем хорошо-о-о-о-о...

Бой с разбушевавшейся стихией приняли: Алексей
Редкач, Сергей Вишневский, Сергей Тюрин, ну и, конечно,
я – доблестный командир отряда особого назначения
„VOLUME ART"
Den Kampf mit der stark brausenden Naturkraft führten: Alexei
Redkatsch, Sergei Wischnewski, Sergei Türin und natürlich ich,
tapferer Kommandeur der Gruppe der besonderen Bestimmung
„VOLUME ART".

Schaschda (Durst)
(Film-Heldentat)

Laßt uns schnell das Wasser bringen,
gießt es in die Eimer rein.
Trinkt Wasser. Trinkt Wasser. Trinkt Wasser.
Ja, jetzt trinke ich mich auch satt.
Wasser. Wasser – das ist so toll, besonders wenn man
seit 3 Tagen nichts mehr getrunken hat. Und ich habe
schon seit 3 Tagen nichts mehr getrunken.
Ich habe so schrecklichen Durst!
Schrecklicher Durst! Schrecklicher Durst!
Ich kann nichts außer Wasser trinken.
Ich hasse Coca-Cola! Ich hasse Bier!
Ich hasse überhaupt alles Flüssiges außer Wasser!
Wasser. Wasser.
Selbst mein Gehirn wird bald flüssig.
Ich trinke mein Gehirn auf, ich esse meine Scheiße
auf, wenn ich mich nicht mit dem Wasser satt trinke!
Wasser! Wasser! Wasser! Wasser! Wasser!
Wasser – das ist so toll!
    Bist du mit dem Wasser betrunken, so bist du ein
    Fahrer*, betrunken mit dem Wasser.
    Ein betrunkener mit dem Wasser Fahrer –
    das ist noch mehr oder weniger ein Fahrer.
    Ein aber mit dem Wasser nicht betrunkener Fahrer
    ist ein vollkommen ungeeigneter Fahrer.
Wasser! Wasser! Wasser!
Durst. Ich habe so schrecklichen Durst.
Oh mein Gott, so trocken, wenn es auch jetzt kein
Wasser gibt, sterbe ich endgültig.
Trocken, trocken, ich habe so schrecklichen Durst!
Nun aber! Fließt mein Wasserchen heute oder nicht?
Fließt es, natürlich fließt das Wasser. Es fließt!
Ich verberge mein entzücken nicht!
Und du verbirgst dein Entzücken nicht!
Und wir verbergen unser Entzücken nicht!
Und ich verberge mein Entzücken nicht!
Wasser! Wasser! Hura! Wasser, toll!
Wasser, Wasser, Wa-a-asser!
Endlich konnte ich das Wasser trinken, es geht mir
nun gut. Mir geht es sehr, sehr gu-u-u-ut....

---

* Ein Wortspiel, im Russischen klingen Wörter
  „Fahrer" („Woditel") und „Wasser" („Woda") sehr ähnlich.

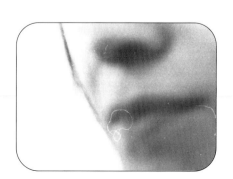

tom clark: sonett

der orgasmus treibt
die frau völlig aus sich selbst
heraus in einer welle von ekstase,
die sich in ihrem körper ausbreitet.
ihre nerven-, gefäß- und muskel-
systeme beteiligen sich an dem akt.
die beckenmuskeln ziehen sich zusammen
und stoßen einen schleimpfropfen aus dem gebärmutterhals aus,
während die muskulären saugbewegungen des gebärmutterhalses
das eindringen des samens fördern.
zur gleichen zeit verhindern die zusammengezogenen
beckenmuskeln den samenrückfluß. die entladung
verwandelt die vaginale säure in ein alkalinisches
gleitmittel, um nicht die spermazoen zu vernichten.

(aus: the world, nr. 8, 1967)

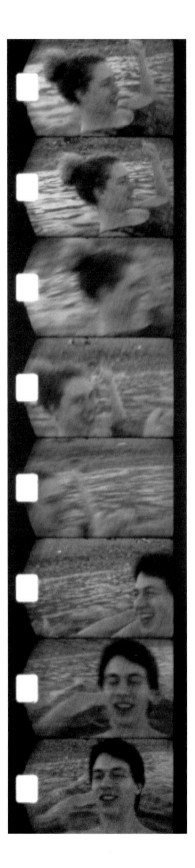

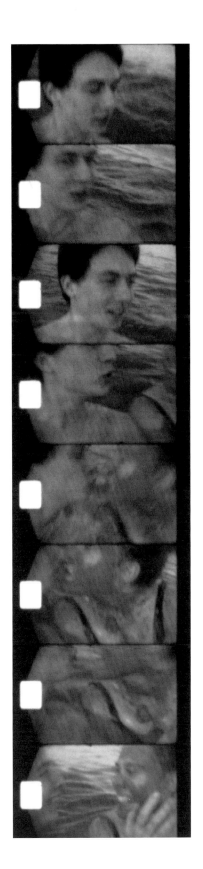
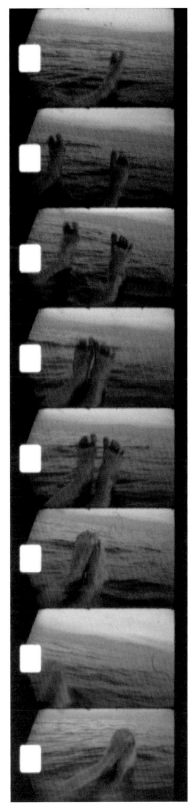

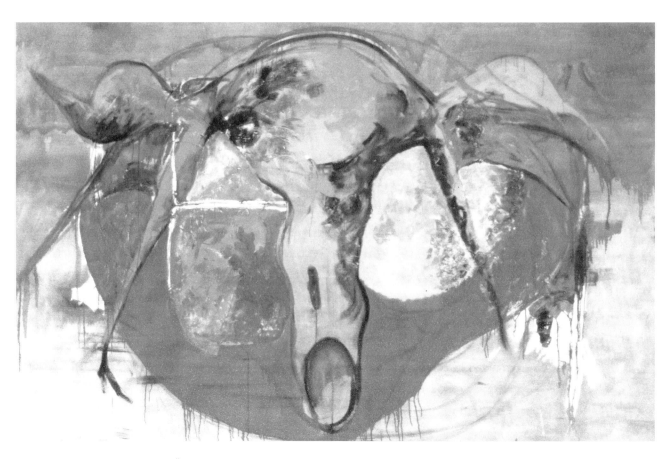

Ohne Titel, 200 x 300 cm, Öl auf Leinwand

Die Frau, 127 x 107 cm, Öl auf Leinwand

DIE KUNST IST EIN SCHRANK.

DANIIL CHARMS

KANN MAN

EINER GRUPP

SEINE KATALOGSE

DAß SIE SICH VON DENEN D

BESONDERS

M RAHMEN
AUSSTELLUNG
E SO GESTALTEN ,
ANDEREN TEILNEHMENDEN
RVORHEBT ?

ANNA-LISA NEL, 07. 04. 1971 | 47

ANNY ÖZTÜRK, 19. 04. 1970

Mediokrit und Nichtskönner

Christian Coloman Schweitzer

Der Schütze schießt oft sehr daneben
Da muß man ihm die Chance geben
Nochmal zu schießen voll daneben
Doch damit kann der Schütze leben

Der Skorpion ist sehr gefährlich
Doch seien wir mal alle ehrlich
Ein harter Tritt mit festen Schuhen
Dann kann das Tier in Frieden ruhen

Der Steinbock stolpert über Steine
Die er sich in den Weg gelegt
Und hat er sich dann aufgeregt
Geht's weiter stolpernd über Steine

Die Jungfrau ist sehr oft ein Mann
Nur sieht man ihr das nicht so an
(worüber sie nicht sprechen kann)
Die Frau ist oft ein Wassermann
Nur sieht man ihr das nicht so an
Worüber sie nicht reden kann

Der Zwilling bleibt nicht gern allein
Drum lädt man ihn zum Machen ein
Und was der Zwilling machen tut

Der Widder hat ein rundes Horn
Doch damit kommt er nicht nach vorn

Die Waage ist ein Tier als Sache
Wobei das nicht ganz richtig ist
Und du ganz stark am zweifeln bist
Mach' ich das Ding erst recht zur Sache
(die Waage ist kein Tierkreiszeichen
und muß als Ding den Tieren weichen)

Der Löwe als Symbolgetier

Der Krebs hat eine große Schere
Nur greift er schnell damit ins Leere
Damit ihm das nicht oft passiert
Hat man ihn dann als Krebs dressiert

Der Fisch ist ziemlich sicherlich
Ein kleiner oder großer Fisch
Auch wenn der Fisch sich gerne spürt
Als Tier das andere Menschen führt

Deutschland ist das beste Land der Erde. Das langweiligste Land der Erde ist wahrscheinlich Portugal.
Das langweiligste Land Europas ist Spanien oder auch Griechenland. Dicht gefolgt von Italien mit seinem Rom. Frankreich ist fast so wichtig wie Deutschland, aber nicht ganz so wichtig wie England/Großbritannien. Franzose zu sein muß langweilig sein.

Das Mittelmeer ist schlecht. Die Nordsee und die Ostsee sind besser (außer um Dänemark herum). Schlimmer nur als das Mittelmeer ist Australien (und Israel). Australien ist das Allerschlimmste auf der Welt. Australien ist so schlimm, daß es weh tut.
Aber Afrika ist fast genauso schlimm. Afrika ist das langweiligste Land der Erde, Afrika ist tatsächlich schlimm, der langweiligste Kontinent.

Finnland ist wie Portugal. Schweden wie Italien, Norwegen wie Spanien oder Griechenland.
Belgien ist nicht ganz so wichtig wie Deutschland, aber fast so wichtig wie Holland/die Niederlande. Belgier zu sein ist langweilig, aber das wissen ja alle Leute (Belgien hat aber Glück, weil es trägt die Farben Deutschlands in der Flagge-deswegen kann sich Belgien gut vorkommen). (Holland hat aber Pech, weil es trägt die Farben Frankreichs in der Flagge).

Portugal ist das Afrika Europas, und das ist ganz schön schlecht. Leider kommt sich Brasilien vor wie das Europa von Südamerika, und das stimmt einfach nicht. Brasilien ist schlecht, fast so wie das Mittelmeer und Israel. Schlechter nur ist Mexiko. Mexiko ist sehr bescheuert; in Mexiko tragen die Männer bescheuerte Hüte, fast so wie im Baskenland (aber das wissen ja alle Leute).

Österreich ist langweilig. Bis auf die Berge, aber die sind sogar in der Schweiz noch besser. Und in Frankreich und in Deutschland. (Dänemark ist wie Österreich. Bis auf das Meer, aber das ist sogar in Finnland noch besser.)

Kanada ist auch peinlich, fast so peinlich wie Afrika. Fast so peinlich wie Afrika, Kanada, Australien, Österreich, Israel und vor allem Irland ist auch Ägypten. Aber Kanada, Australien und Portugal (vor allem), übertreffen alle/alles an Langweiligkeit.

Langweiliger noch als Portugiese zu sein, muß es sein, Afrikaner oder Asiate zu sein. Als Asiate muß man sich schämen, als Afrikaner erst recht. Genauso schlimm allerdings ist es, Moslem/Muslim zu sein. Orientale zu sein, muß äußerst schrecklich sein, weil die arabische Welt einfach schlecht ist.

China könnte das Deutschland von Asien sein. Deshalb darf sich China aber noch lange nicht gut vorkommen, weil China trotzdem langweilig ist. China gleich Langeweile, Amsterdam gleich Langeweile, Langeweile gleich Portugal. Christentum gleich super (außer in Spanien und den Südländern überhaupt).

Fast genauso gut wie Deutschland, ist/sind außerdem die USA und Japan. Als Amerikaner und Japaner muß man sich nicht schämen (außer wenn man aus Südamerika ist).

Südamerika ist das Portugal der Kontinente, und Afrika die Fußleiste der Welt (Afrika wäre ziemlich gerne die Elfenbeinküste der Welt, aber das hat nicht so ganz geklappt, zum Glück). Glücklicherweise ist die Welt nicht so wie Australien oder Afrika oder Portugal. Die Welt ist glücklicherweise so wie die Vereinigten Staaten, wie Europa, wie vor allem Deutschland und vielleicht auch Japan.

Die Welt ist gut, und Deutschland ist und bleibt das beste Land der Erde.

Sie käuen wieder. Rinder sind nämlich,

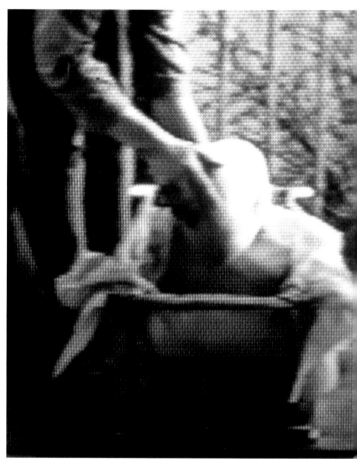

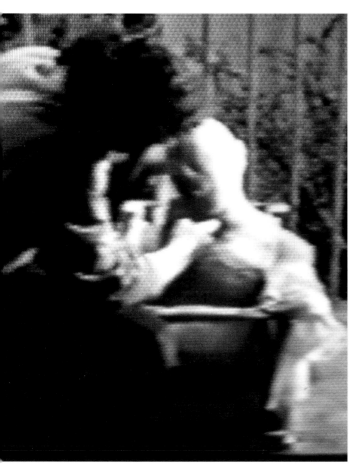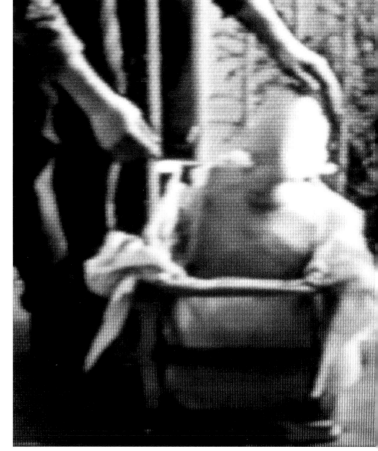

PERFORMANCE SEAL

Trained human Shawn "Barney" Barron wows the crowd at Steamer Lane. Photo: Vern Fisher.

COMING NEXT ISSUE

SURPRISE
GUEST EDITORS

On sale May 13

SURFER Magazine (ISSN 0039-6036) is published monthly by Surfer Publications, Inc., 33046 Calle Aviador, San Juan Capistrano, CA 92675. Periodicals postage paid at San Juan Capistrano, CA and additional mailing offices. Annual subscription price is $20.95 U.S.; $29.95 Canadian and foreign. (Canadian GST No. R127903946. GST

GROUPIE OR NOT GROUPIE?

Q: I am a 14-year-old surf chick from New Jersey. At least I want to be a surf chick. Not like a groupie or anything. But I just love surfing and think surfers are the coolest guys, cooler than any of the other guys in my high school. The problem is, they seem pretty stuck up, or at least it's hard to get them to notice you if you're not a surfer. Maybe someday I'll learn how to surf myself, but right now I'd just like to hang out with surfers and be accepted by them. I'm pretty good looking and not afraid to be seen in a bikini. How can I get them to notice me?

   Gina Beardsley
   Bel Mar, New Jersey

KATE SKARRET, OFF THE BEACH AND INTO THE MIX. PHOTO: ALEX WILLIAMS.

A: Gina, Gina, Gina...getting noticed in high school is one of the most perilous dilemmas a young person can face, but it's even scarier when you've actually targeted a specific peer group. And believe me, the surf scene can be a tough nut to crack. The first thing you have to realize is that surfers, no matter how cool they might appear, are just people. A bit more enlightened, perhaps, but just people after all. Being "accepted" by them is not going to bring you happiness unless you also learn to love what it is that makes them surfers. In other words, if you want Hindus to like you, you'd better love the *Ramayana*. Show an interest in surfing and the surfing world. Despite what you might see in a lot of surf mag ads, surfers don't really go for strippers, prostitutes and sluts. What surfers really want—what everyone wants—is someone who's interested in them. So try this: start spending time at the beach, but not just laying out in your new thong. Stroll along the shore at sun-

set, watching the surfers catch their last waves. No surfer I know can resist a girl walking along in the warm hues of sunset, dipping her toe in the surf, contemplatively regarding the beauty of the scene. Dawn patrols are more hard-core, but what the heck—put on a parka and go for broke. Or maybe, just maybe, you should get your own board and learn why those guys have devoted their lives to the sea. Once you do that, you won't care whether they notice you or not.

Q: I'm a grom from the Big Island of Hawaii who wants to ride bigger waves. What can I do to get in shape and get ready for the south swells in Town on Oahu this summer? Currently, I curl 15 pounds 50 times each arm, do 25 pushups, 75 sit-ups, then go for a 20-minute jog. I also surf as much as possible on boards ranging from 5' 5" to 6' 4". I don't get to the pool often, but I do sometimes go to a hot water pond, where I dive down 6 or 7 feet, then run with an average size rock for as long as I can. I can hold my breath for a solid 40 seconds on land, but would that be

enough if I get worked by a big wave? Also, what can I do to get bricks?

   Lewis Kay
   Hilo, Hawaii

A: Why ask me, Lewis? You're already committed to a more rigorous workout program than 99 percent of the surfers I know. In fact, seeing as you call yourself a grommet, I'd probably suggest lightening up a little bit on the work load and concentrate more on having fun. Physically you're a long way from your prime—you'll keep growing into your early 20s and, if you stay in shape, probably reach your peak physical strength at about 35. Focus rather on the abundance of natural energy and enthusiasm that characterize the grommet phase. It's this stoke that will fuel the fire later on, and help you maintain the physical

LARRY RIOS, GETTING IN SHAPE AT ALA MOANA. PHOTO: BERNIE BAKER.

PETTY IN PINK. PHOTO: ERIK AEDER.

HEIKE BEYER, 21. 05. 1967

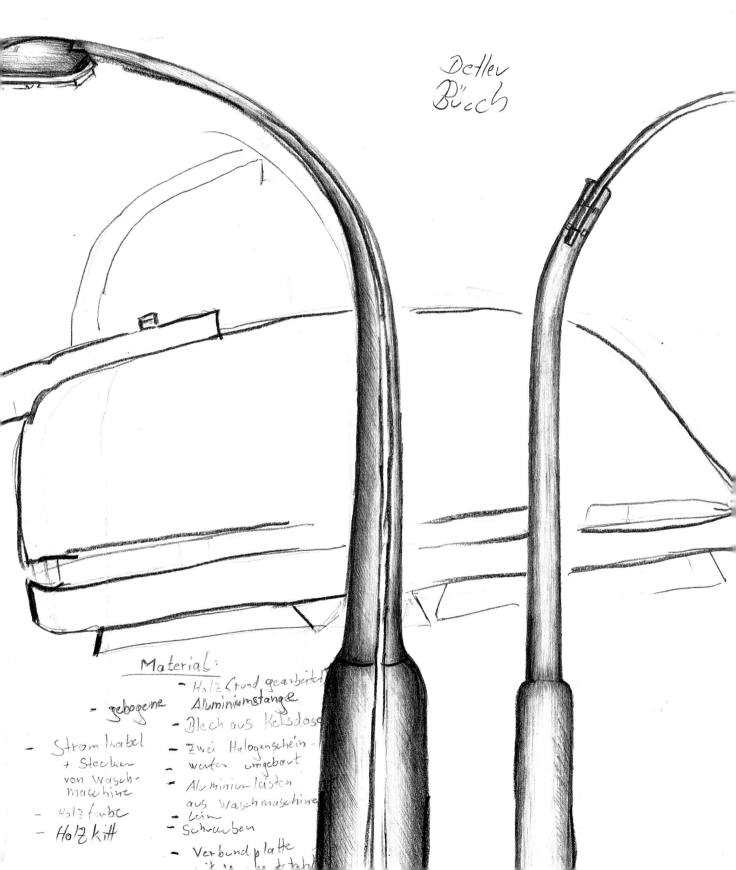

Detlev
Büch

Material:
- Holz (rund gearbeitet)
- gebogene Aluminiumstange
- Blech aus Keksdose
- Strom kabel + Stecker von Wasch- maschine
- Zwei Halogenschein- werter umgebaut
- Aluminium leisten aus Waschmaschine
- Holz farbe
- Leim
- Holz kitt
- Schrauben
- Verbundplatte

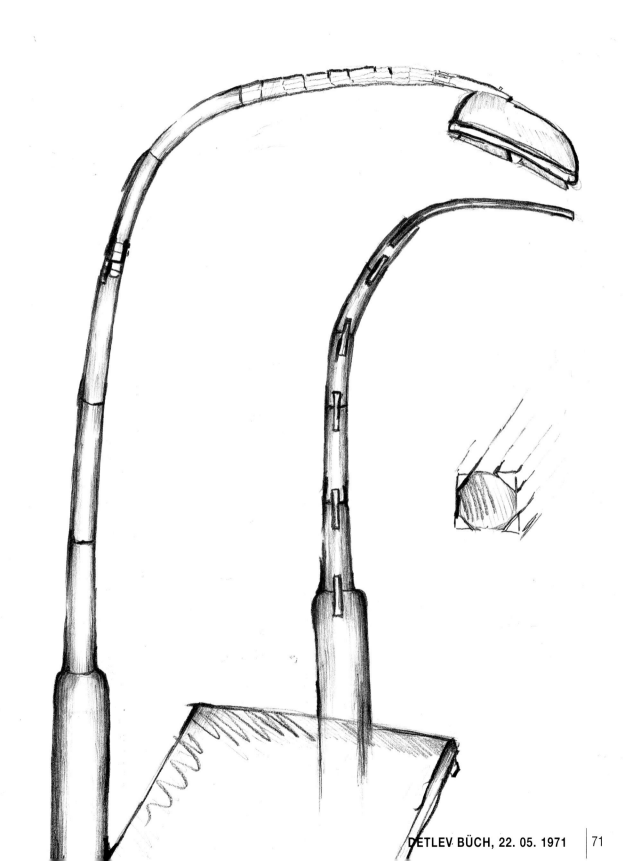

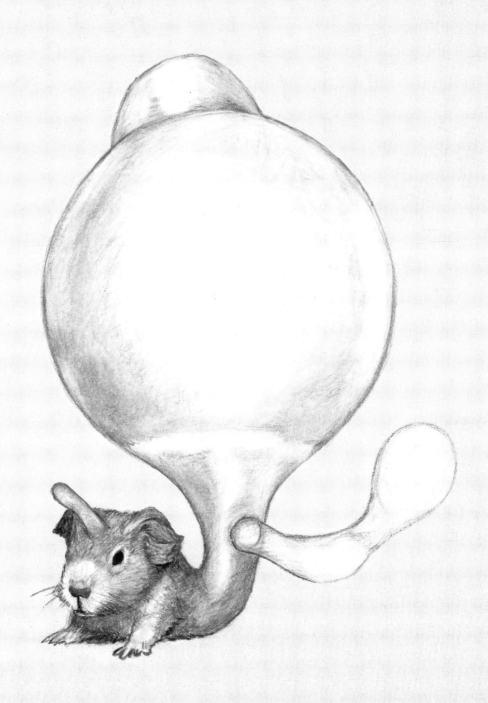

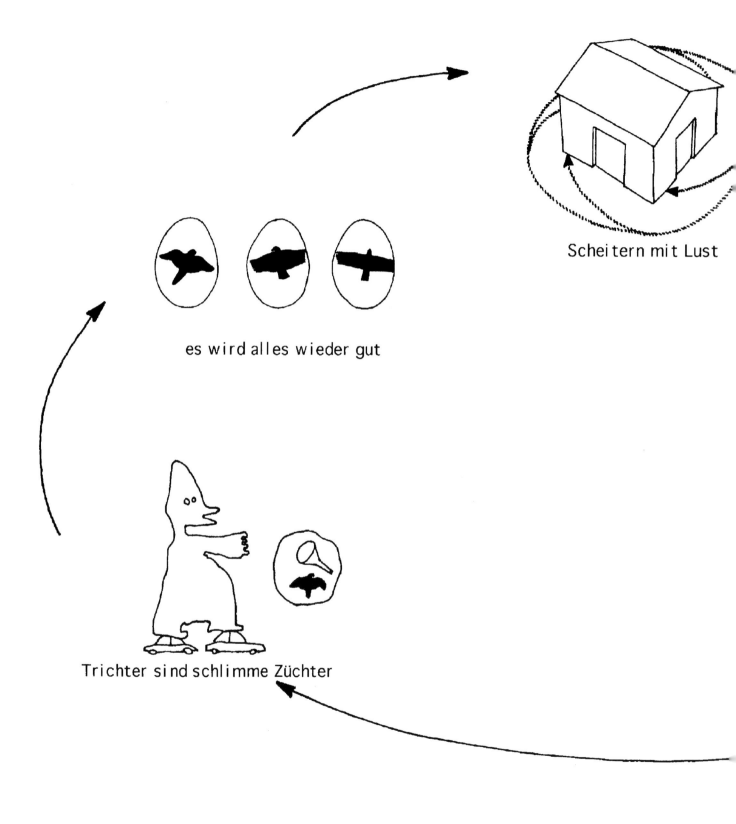

Scheitern mit Lust

es wird alles wieder gut

Trichter sind schlimme Züchter

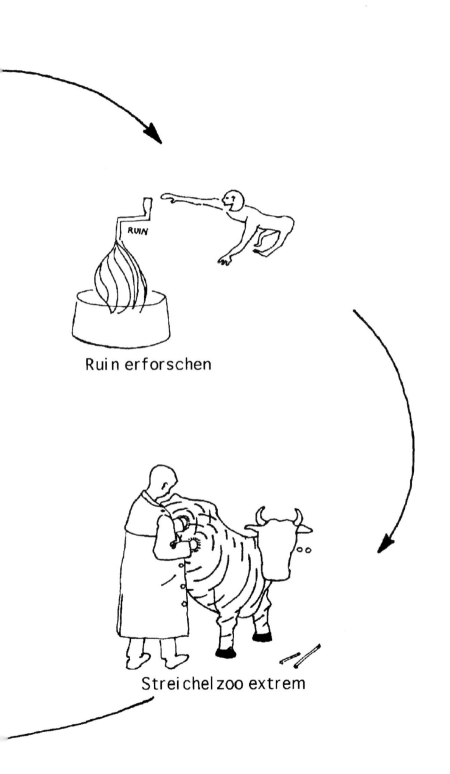

Ruin erforschen

Streichelzoo extrem

kleine geschichte

In Porto, Portugal hatten deutsche Eltern den Wunsch einen Prachtburschen heranzuzüchten.
Wie im wilden Westen ein Mörder sein Leben verlor, so gewann ich meines.
1971, war mein Hals von der Nabelschnur meiner Mutter umschlungen.
Als Gehängten, am Galgen baumelnd, setzte sie mich auf die Iberische Halbinsel.

12 Jahre später:
Beim Betreten des Doppeldeckerbusses, der mich zur Schule fahren sollte,
spürte ich ein grausames, selbstmordgedankenauslösendes Unbehagen im Herzen.
Denn im Bus saßen 50 Folterknechte mit 50 Augenpaaren auf mich gerichtet.
Explosionsartig schoß mir das Blut aus den Adern in den Kopf.
Meine Wangen drohten zu zerreißen. Meine hellblondleuchtende Haarpracht erhellte dann
den Innenraum im Bus mit Leben und ich wünschte mir, die Folterknechte seien alle tot.
An diesem Morgen hatte ich bereits ein Glas Cognac getrunken.
Meine Schulnoten waren katastrophal.
Daraufhin zogen wir nach Deutschland, in die Nähe von Frankfurt.
Ein Freund nahm meine Hand und wir trainierten Karate.
In dieser Zeit absolvierte ich eine Ausbildung zum Textilveredler.
Doch etwas ließ mich nicht los.

Nach Erhalt des Gesellenbriefes versuchte ich mich ein Jahr
als Fallschirmjäger in der Kaserne von Calw.
Nach einer Truppenübung jenseits des Atlantik kehrte ich nach Hause zurück,
und setzte mich wieder in die dunklen, unterirdischen Gemäuer und
spinnenwebenverhangenen Kellergewölbe meines Lehrbetriebes.
Entschlossen dieser einsamen Unterwelt zu entkommen, begann ich
eine Umschulung im Garten -und Landschaftsbau. Mächtig warf die Firma ihre Krallen über mich.
Der Chef war ein skrupelloser Businessman; ich wurde zum modernen Sklaven.

Der Winter brach herein. Die Natur zeigte mir ihr Gebiß.
Eis und Regen begannen an mir zu nagen.
Der Traum von der Arbeit an der frischen Luft entpuppte sich als eiskaltes Geldgeschäft.
Wie viele Menschen haben es gelernt unter Leistungsdruck zu leben und zu lieben?

So eingeengt wie ich in dieser Firma war, so frei fühle ich mich nun am Anfang
meines Kunststudiums:
Ich möchte Menschen Wege eröffnen,
um mit sich und dem eigenen Körper Freundschaft zu schließen.

OLIVER TÜCHSEN, 25. 05. 1971

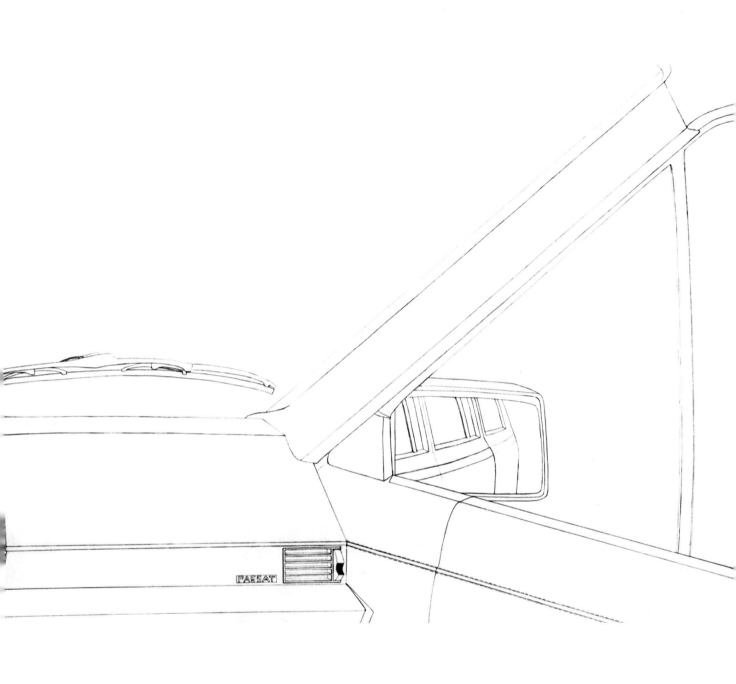

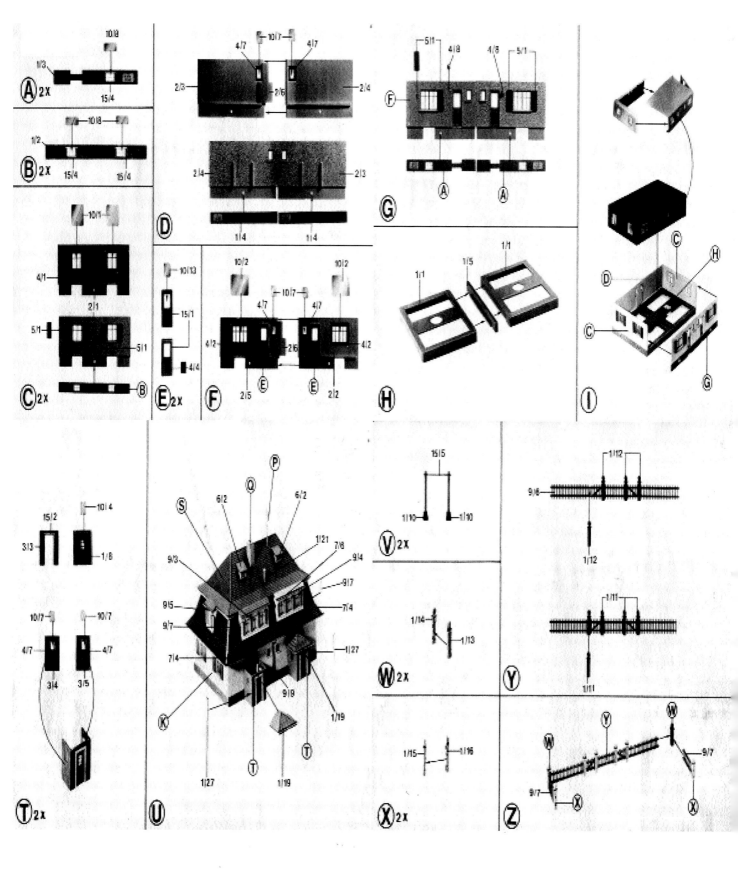

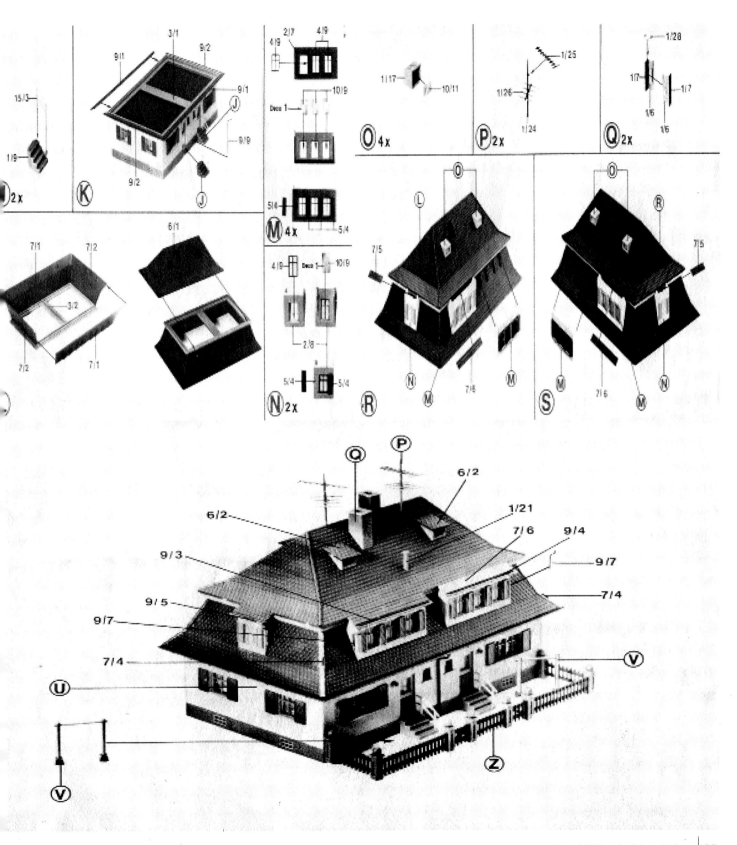

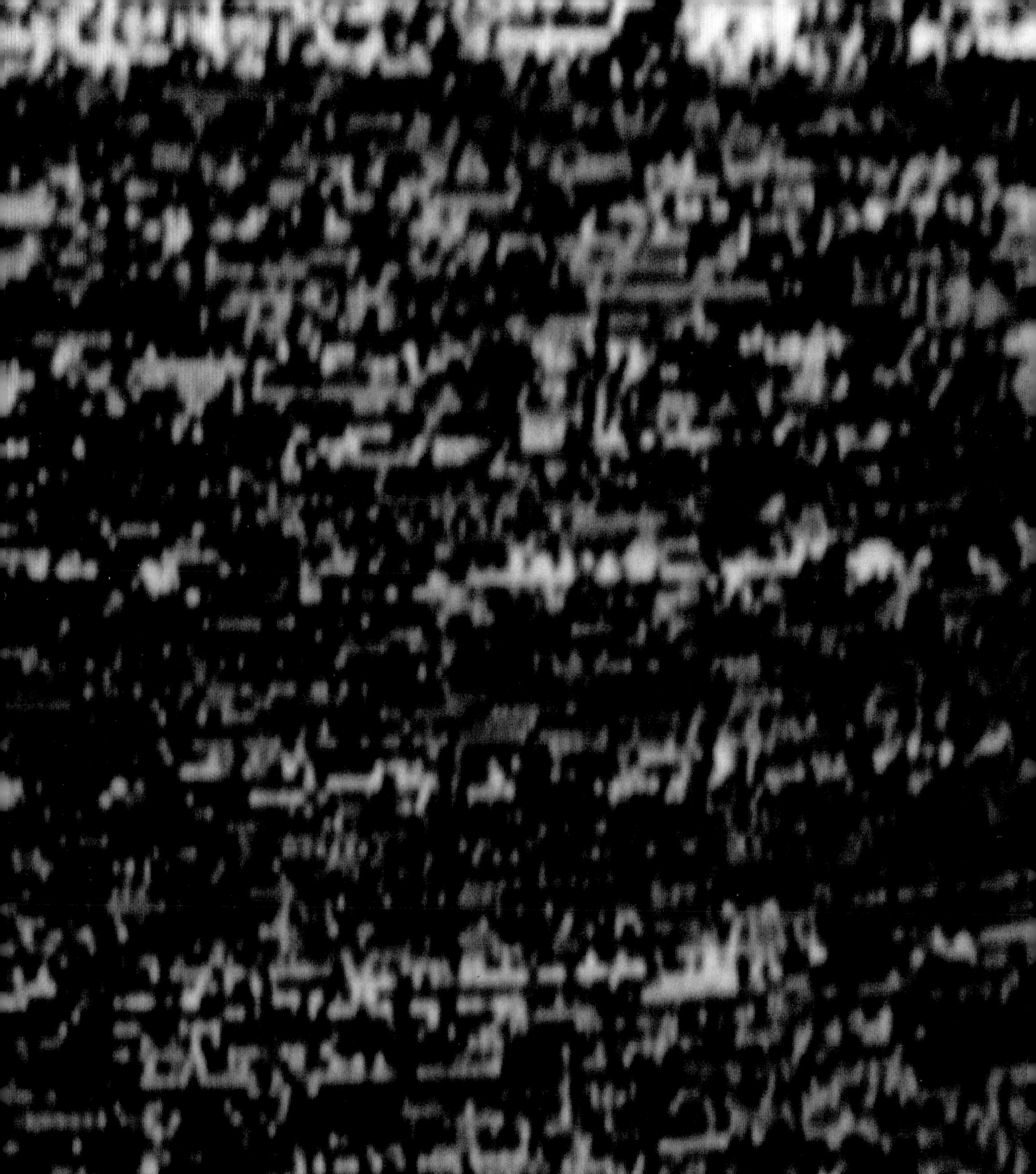

St Mark's Square Venice 23 May 1998

LUCINDA MCLEAN, 22. 06. 1968

17.05.98 Oberursel

  The floor of an abandoned military area's gym measured 13*22m. The gym had not been in use for the last 5 years, the roo
was leaking and mould was growing on the walls.

  He had been carving images of recent German political past onto the floor for 10 weeks. Among the official images he had
carved images more personal: his father and grandfather as young men and himself on a therapist couch. There would be ano
ther 2 weeks of carving and cleaning. Then he planned on spreading printing colour on the floor and would take a massive
woodcut print with the aid of an asphalt car.

The city had bought the area and was going to take the house down. He had negotiated on maybe transplanting the woodcut
somewhere else. But he wasn't sure whether the woodcut was too loaded with politics to be a good work of art.

  He had studied already once, 10 years ago, in Düsseldorf. Then he had chosen politics over art. He had tried to combine
both, but unlike some others, he had not been successful. He had wanted to change something directly rather than in 10, 50
or 100 years through art.

  He was leaving school at the end of the semester. He thought it was time for him to stand on his own feet. He had firs
wanted to go to the USA, but he was not admitted, he was labelled a terrorist. So now he wanted to go to Irland for some
months.

05.98 Oberursel

er Boden einer verlassenen Turnhalle auf einem Militärgelände maß 13 x 22m. Die Turnhalle wurde die letzten 5 Jahre nicht
utzt, das Dach war undicht und Pilze wuchsen an den Wänden.

eit 10 Wochen schnitzte er Bilder aus der jüngsten deutschen Geschichte in den Boden. Neben diesen Bildern fanden sich
h persönlichere Bilder, sein Vater und Großvater als junge Männer, er selbst auf einer Therapie-Couch. Er plante, noch
i Wochen zu schnitzen und zu putzen, um dann auf den Boden Druckfarbe aufzutragen und einen riesigen Holzdruck mit Hilfe
er Asphaltwalze abzunehmen.

ie Stadt hatte das Gelände gekauft und wollte das Gebäude abreißen. Er erwog, den Holzschnitt vielleicht an eine andere
lle zu transplantieren, aber er war unsicher, ob der Holzschnitt nicht zu politisch wäre, um ein gutes Kunstwerk zu sein.
or 10 Jahren studierte er in Düsseldorf, entschied sich dann aber für die Politik und gegen die Kunst. Er wollte beides
einander kombinieren, aber im Unterschied zu anderen war er damit nicht erfolgreich gewesen, da er die Dinge sofort ver-
ern wollte und nicht erst in 10, 50 oder 100 Jahren durch die Kunst.

r verließ die Schule am Ende des Semesters, weil er dachte, es wäre an der Zeit, auf eigenen Füßen zu stehen. Zuerst
lte er in die USA gehen, erhielt aber keine Einreisegenehmigung, weil er als Terrorist eingestuft wurde. Er beschloß für
 paar Monate nach Irland zu gehen.

„Fehlt mir einmal ein Korkenzieher, halte ich einfach den Hals der Weinflasche unter heißes Wasser. Die Wärme drückt den Korken heraus!"

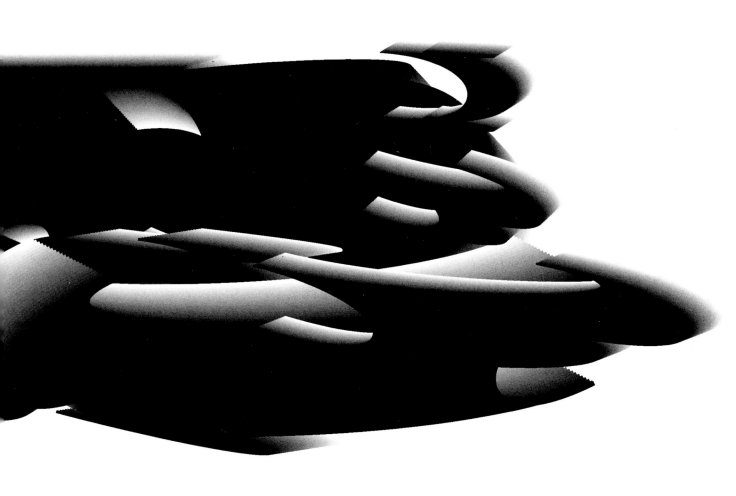

MICHAEL CALLIES, 07. 07. 1962 | 101

ANNE KAMINSKY, 08. 07. 1971

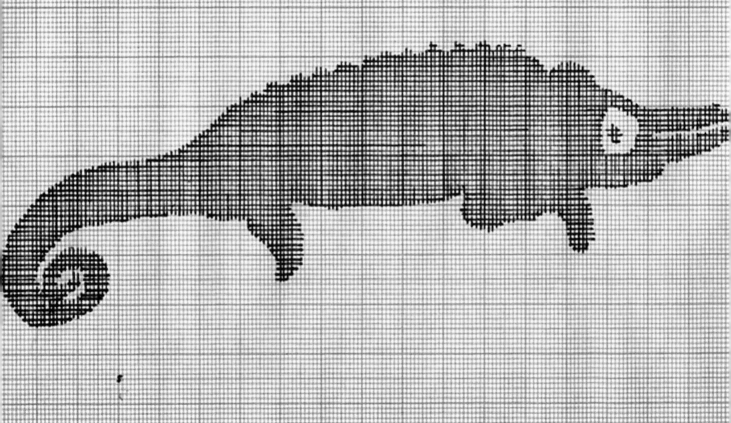

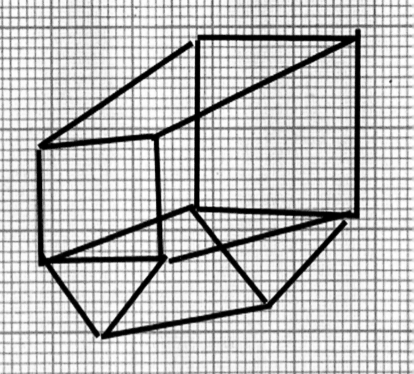

77

, München

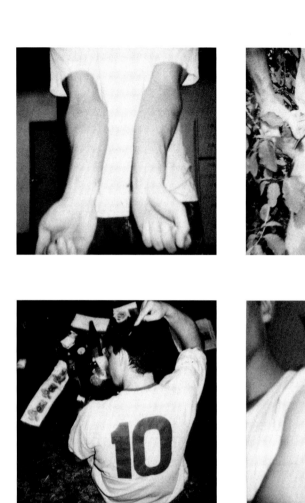
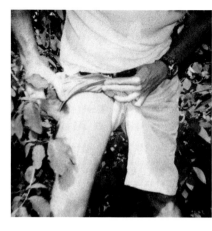

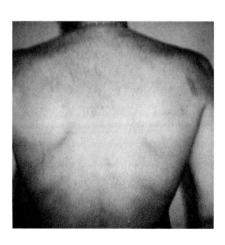

Die Attribute meines Wesens waren verborgen, und in den Daseins-Spuren
wurden sie offenbart.

Wahrlich, geschaffene Weseb sind Bedeutungen in Gestalt von Bildern.

Alle, die das verstehen, gehören zu den Menschen der Erkenntnis.

                                        (Schaich Al-Lamil.)

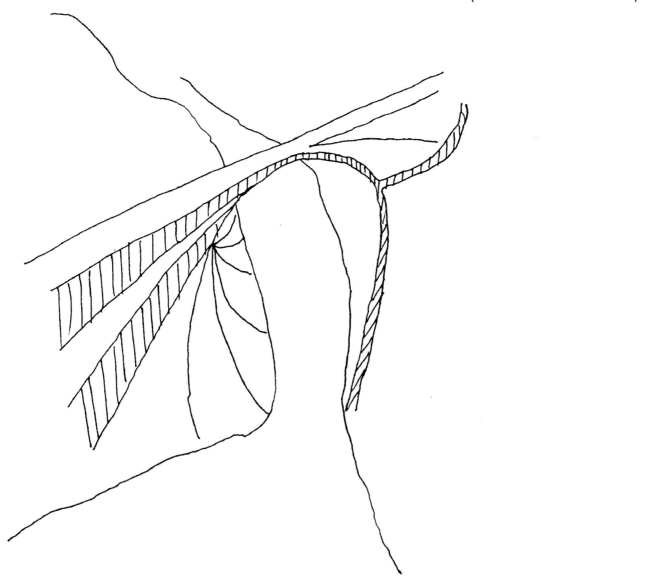

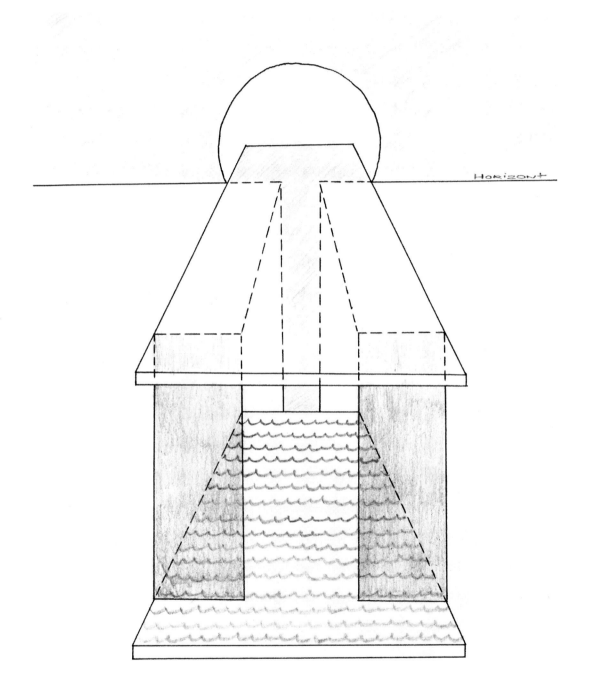

Horizont

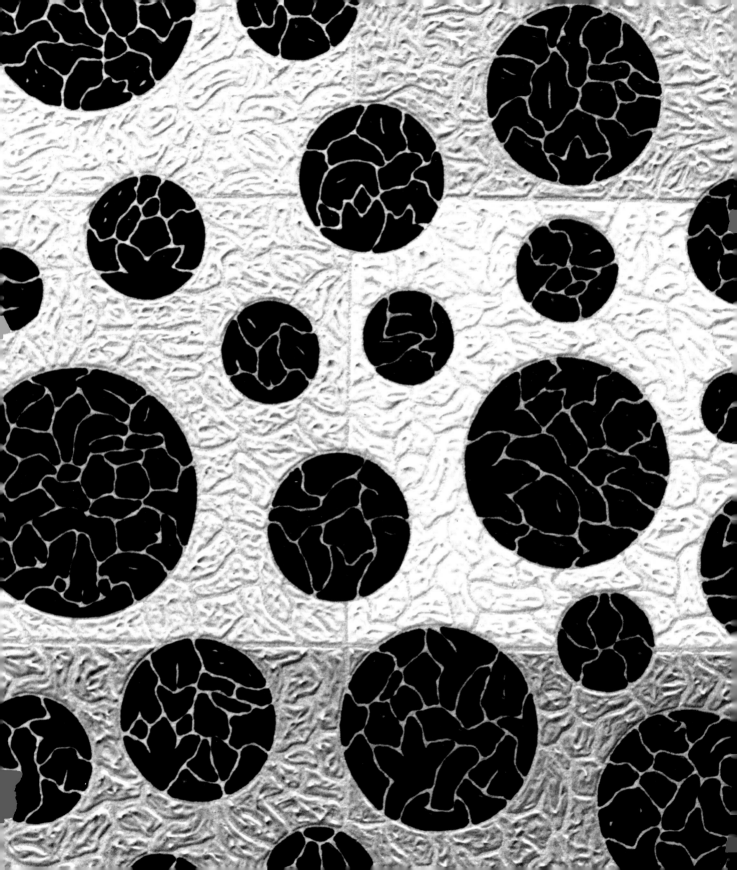

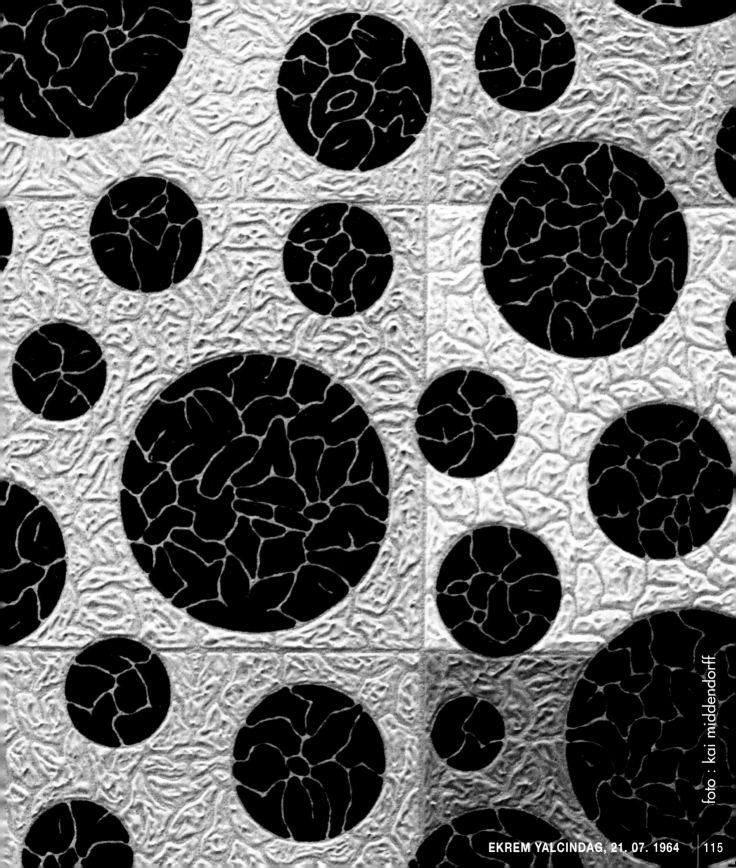

EKREM YALCINDAG, 21. 07. 1964   115

foto : kai middendorff

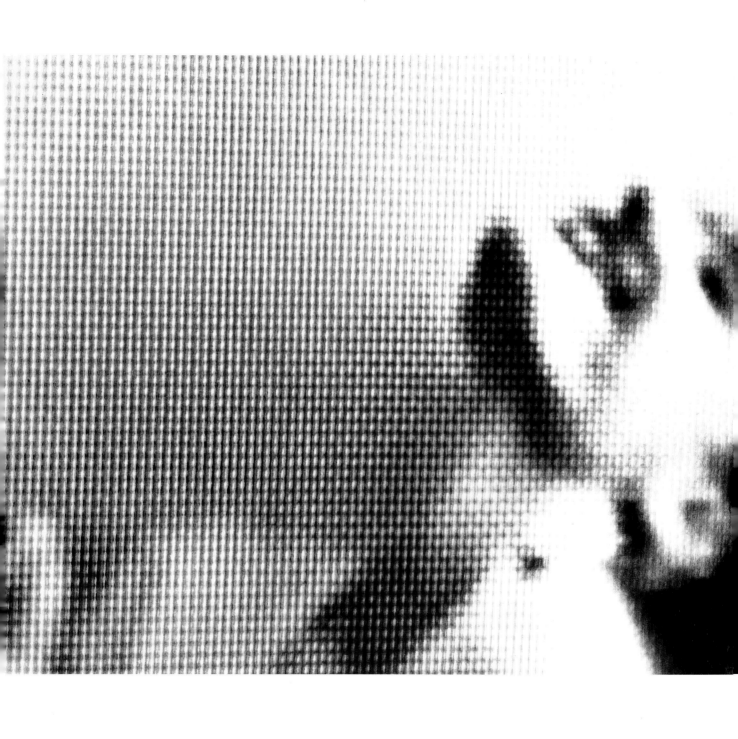

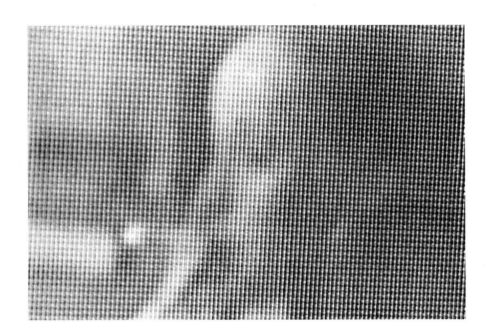

NICHT JEDE
DER AUF DI[
IST SCHÖ[
UND SP[

ELT KOMMT,
BEGABT
RTLICH

Linker Kanal

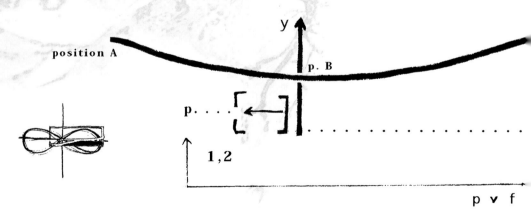

position A

y

p. B

p. . . . .

1, 2

p ❤ f

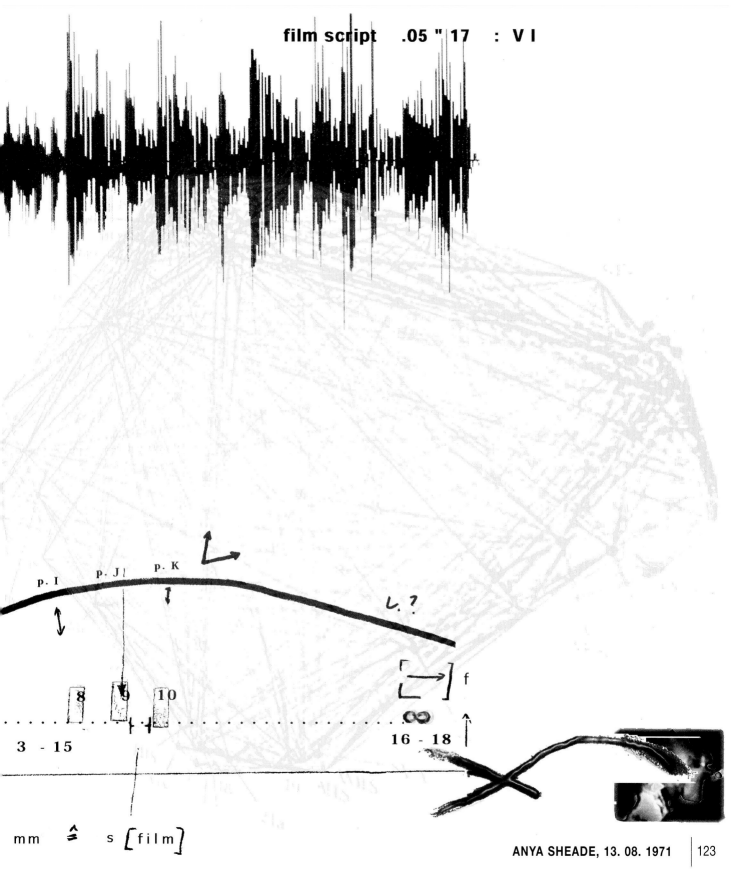

film script   .05 " 17   : V I

p. I   p. J   p. K   ι. ?

8   9   10   ∞   f

3 - 15   16 - 18

mm ≙ s [film]

ANYA SHEADE, 13. 08. 1971   123

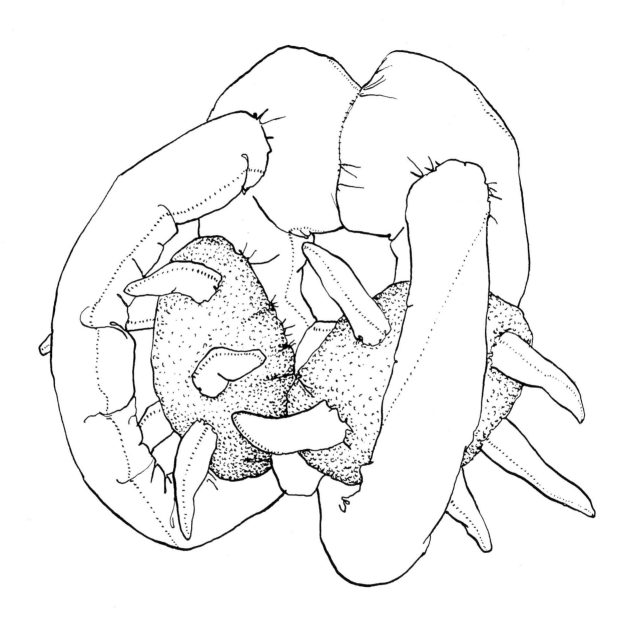

octopussy

Filmkameras, die ich von 1994 bis 1998 gebraucht habe.

Während der letzten 4 Jahre habe ich überwiegend mit dem Super 8 Filmformat gearbeitet. Ausgestellt sind hier diejenigen Kameras, welche sich durch täglichen Gebrauch abgenutzt haben, sie funktionieren nicht mehr richtig. Motorschaden, Lichtmesserausfall, oder Objektivbeschädigung, sind Folgen von einem in dieser Weise von den Herstellern der Geräte nicht vor-gesehenen Gebrauch. Konzipiert als leicht handhabbare Instrumente zum eher seltenen Einsatz (Geburtstag, Karneval, Hochzeit, Urlaubsfahrt etc.), mußten sie bei mir täglich funktionieren. Mit ihnen wurde tagebuchartig aufgezeichnet, was mit mir und meiner Familie, Freunden und Bekannten in letzter Zeit geschehen ist. An verschiedenen Orten, Adeche, Desirade (Frankreich, Lodz, Polen, jedoch meistens in Hanau/Frankfurt wo ich wohne, ist mit ihnen gefilmt worden. Nimmt man die Kamera in alle Lebens-situationen mit rein, geht`s ihr ähnlich, wie dem Besitzer. Sie wird mit ihm älter, beschädigt sich schneller. Meiner Erfahrung nach haben S8 Kameras ein kurzes Leben.

Neu werden sie nicht mehr hergestellt. Gebraucht gekauft, haben sie schon mindestens ein Jahrzehnt einem anderen Filmemacher gedient. Die einzige 16 mm Kamera der Ausstellung ist über 40 Jahre alt und hat bis vor kurzem noch funktioniert, jetzt ist der Bildstand nicht mehr in Ordnung.

Sie kommt von der Größe und vom Gewicht den leichten und kleinen S8 Kameras am nächsten. Sie ist jedoch schwieriger zu bedienen (Einzelbildauslöser), und nicht einfach zu halten in der Hand.

Ich
Liebe
Dich!

Seval ERGÜDER
1618 sok. Nu: 12
35020 Bayraklı
İZMİR
TURKEI

Telat CENGIZ
Wilhelm-Manser, 51
50827 KÖLN
ALMANYA

Telat CENGIZ
Wilhelm-Manser
Str.51
50827-KÖLN
ALMANYA

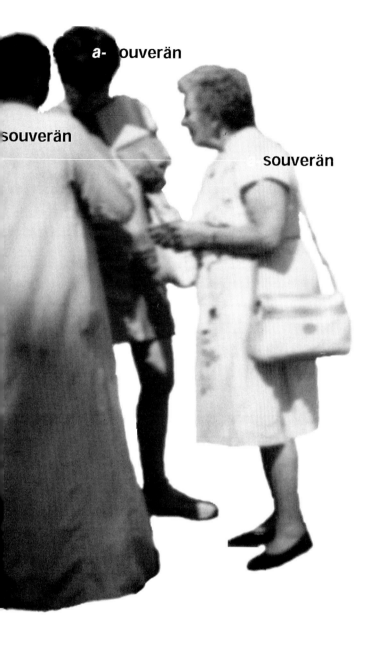

a- ouverän

souverän

souverän

Die quadratischen Bilder von Anke Röhrscheid-Hendrich sind in Serien entstanden, geordnet nach vier Themengruppen: Blumenbilder, Bilder von klarem Himmelblau, Bilder von leuchtendem und wehmutsvollem Grün. Zusammen ergeben sie so etwas wie einen blühenden Kunstpark. Monochrome, mit dem Pinsel feinfühlig strukturierte Bilder treffen auf changierende Farbnuancierungen. Quantitativ dominiert Grün. »Das Grün ist der Fond der Natur, da das Grün sich leicht mit allen anderen Tönen vermählt«, schrieb Charles Baudelaire. Zwischen dem Grün leuchten Rosa und Gelb. Seerosen-Rosa und gleißendes Orchideengelb treffen auf gelbliches Maigrün, auf sommerliches Chromoxyd, auf zartes Seladongrün und auf ein eher winterliches Schwarzgrün.

Die Serien-Konzeption und die Vereinigung zu einem Ensemble weitet den Wirkbereich des Einzelbildes auf ungeahnte Weise aus. Sie aktiviert unsere ganze Sinnlichkeit, macht uns zu Mitwirkenden, die sich mittels der eigenen Bewegung das Ganze des optischen Ereignisses erschließen.

Das geometrisch-strenge Format, das Weiß des Grundes, auf dem die Bilder liegen, und die Ordnung zu unterschiedlichen Blöcken unterstreichen – anders als Monets »Seerosenteich« – die Vereinzelung und das Fragmenthafte der Motive, die aus einem größeren, allenfalls erahnbaren Zusammenhang herausgenommen, erst durch die Installation im Raum verkettet erscheinen. Der Fragmentcharakter wird zudem durch die asymmetrische Kompositonsweise unterstrichen.

Die vegetabilen Motive sind nicht im gleichen Stil gemalt. Kurvige Pinselstriche eines Wasserbildes, die auf mauvem und seladongrünen transparentem Grund zu tänzeln scheinen und Schling assoziieren, korrespondieren mit länglichen, diagonal in Fluß geratenen Pinselstrichen in funkelndem Rosarot. Die reliefhafte Struktur aus saftigem Grün eines weiteren Bildes bildet den Kontrapunkt dazu.

Die Motive sind nicht vor der Natur entstanden. Inspiriert von Naturformen, sind sie eine aus der Analyse der Form und dem Studium der Farben gewonnene »Verdichtung«. Sie kommen aus der Erinnerung, aus dem »Gedächtnis des Schönen« (Baudelaire).

Die subtil abgestufte, in parallelen Pinselstrichen geschichteten Töne, angeregt von Seerosenblüten, machen nicht nur den Malvorgang nachvollziehbar, sondern bilden eine Analogie zum Organisch-Vegetativen und Geschlechtlichen der Pflanze. Vergleichbar – und doch vom Blumenmaler Claude Monet, der die Natur ebenfalls in etwas »Erscheinendes« verwandelt, klar unterschieden – betont Anke Röhrscheid-Hendrich das »Kreatürliche« und »sich Entfaltende« des pflanzlichen Erscheinungsbildes. Während Monet die Seerosen »immateriell« werden läßt, sind Anke Röhrscheid-Hendrichs »Kunst-Pflanzen«, die sich vom »Dargestellten« ebenfalls entfernt haben, plastisch, sinnlich-tastbar. Sie sind durch eine wunderbare Mischung von Leichtigkeit, Zartheit und Präzision gekennzeichnet. Sie erinnern an eine Bemerkung Cézannes über den geistigen Sinn der Farbe. Cézanne wollte Raum und Zeit malen, »damit sie Formen der Farbempfindung werden, denn« – so schrieb er –»ich stelle mir manchmal die Farben vor als ... leibhaftige Ideen, Wesen der reinen Vernunft, mit denen wir in Beziehung treten können. Die Natur ist nicht an der Oberfläche, sie ist in der Tiefe. Die Farben sind Ausdruck dieser Tiefe an der Oberfläche. Sie steigen aus den Wurzeln der Welt auf. (…) Die Farbe ist der Ort, wo unser Gehirn und das Weltall sich begegnen.«

Dr. Ursula Harter
(Auszug aus der Einführungsrede in Dreieich-Buchhügel am 8. Mai 1998)

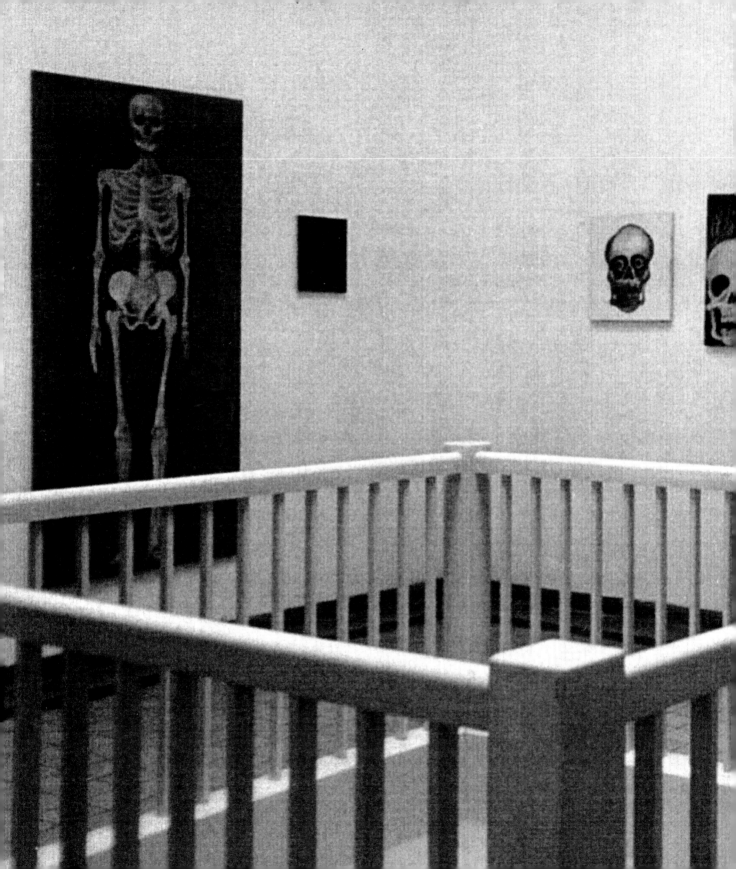

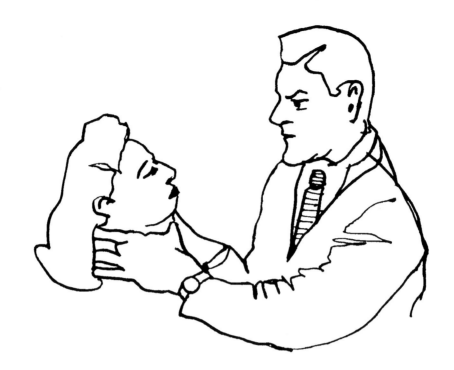

Modellbaukasten   DIE LEBENDIGE FORELLE

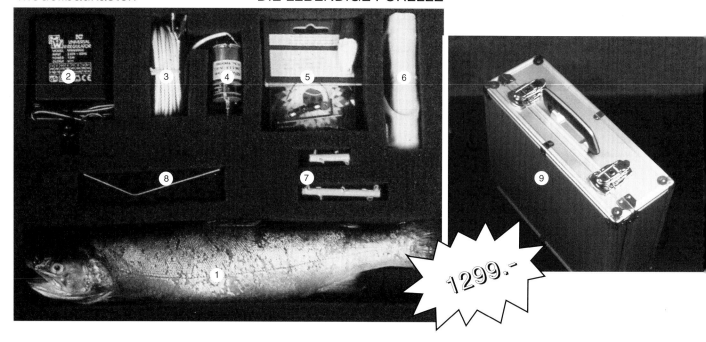

1299.-

Stellen Sie sich vor, Sie haben göttliche Kräfte und erwecken eine echte Forelle zum Leben.

Gefällt Ihnen dieses Kunstwerk?
Wollten Sie sich schon immer einmal wie ein Künstler fühlen?

Dann nutzen Sie die Gelegenheit, die Ihnen der
Modellbaukasten DIE LEBENDIGE FORELLE bietet!
Ein einmaliges Erlebnis. Beeindrucken Sie auch Ihre Freunde!

Einfach Bestellcoupon ausfüllen und abschicken.

JA,
ich will den Modellbaukasten DIE LEBENDIGE FORELLE besitzen.
Bitte schicken Sie mir __ Exemplar(e), numeriert und signiert,
zum Vorzugspreis von 1299.- DM pro Baukasten.
Die Zahlung erfolgt per Banküberweisung.

Name, Vorname

Straße, Nr.

PLZ, Wohnort

Datum, Unterschrift

Dirk Fleischmann, Dürerstr. 10, 60596 Frankfurt a.M.   Konto: FraSpa Nr. 312831420 Blz 50050201

Jeder Baukasten numeriert und signiert

Achtung:
Keine öffentliche Vorführung!
Nur einmaliger Gebrauch erlaubt.

Preisgarantie bis 30. Juni 1999

Lieferzeit: drei Wochen

---

① Forelle, Länge ca. 350mm

② MW Universalregulator, Model MW650G

③ Zweipolkabel 10m, mit 2,6mm Bananen-
steckersystem, Conrad Art. Nr. 730564

④ MFA/Como Drills, Miniature Gearbox
Art.Nr. 918D1001

⑤ Graupner, Kupplungsgelenk Art. Nr. 355
Conrad, Stellring 3mm Art. Nr. 225401
Inbusschlüssel Nr. 1,5
Famos, Leinenzwirn 20m
Famos, Nähnadel Art. Nr. 224766
Prym, Polsternadel Art. Nr. 131350
Prym, Fingerhut Art. Nr. 431863
Totum, Luftballon Art. Nr. 050129

⑥ Vileda, 1 Paar Handschuhe Der Feine

⑦ Messingrohr, ⌀ i. 5mm / a. 6mm, l. 26 m
mit 4 angelöteten Drahtringen,
Graupner Art. Nr. 310
Messingrohr, ⌀ i. 5mm / a. 6mm, l. 63 m
mit 6 angelöteten Drahtringen,
Graupner Art. Nr. 310

⑧ Stahlwelle, ⌀ 2,3mm,
Länge 127mm, gebogen

⑨ Dörr, Alukoffer ECA1 Silber,
Maße (375 x 300 x 135)mm

Pfrommer   Fleischmann   Reuter

Fortsetzung von S. 21

autonome Verbindung zur Außen-
welt erhält, ist, es muß sich um eine
Institution handeln, die aufgrund
ihres Auftrages im Kunstgeschehen
integriert und Gegenstand öffentlichen Interesses ist.

Größe und Form des Tunnels

Die Gesamtform des Tunnels richtet
sich nach der Bodenbeschaffenheit
und den räumlichen Gegebenheiten
im Umkreis des Zielgebäudes. Der
äußere Zugang des Tunnels wird
sich an einem allgemein zugänglichen
Ort befinden. Die innere Beschaf-
fenheit des Tunnels ist auf das

Fortsetzung S. 155

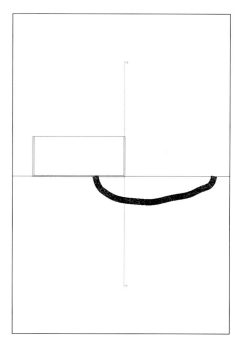

Know ye herewith that the International Star Registry doth hereby ⋆
redesignate star number ⋆ Auriga RA 05h 21m 11·36s -D 44° 28′
to the name ⋆   Markus Szikszay
Know ye further that this star will henceforth be known by this
name ⋆ This name is permanently filed in The Registry's vault in ⋆
Switzerland and recorded in a book which will be registered in the
copyright office of the ⋆ United States of America ⋆ ⋆

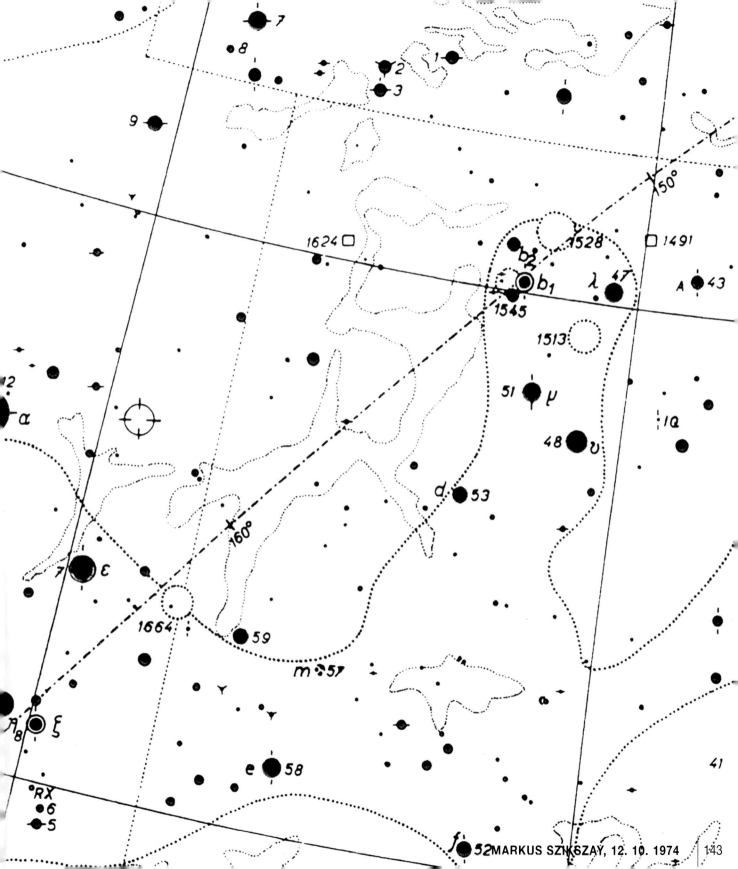

52MARKUS SZIKSZAY, 12. 10. 1974   143

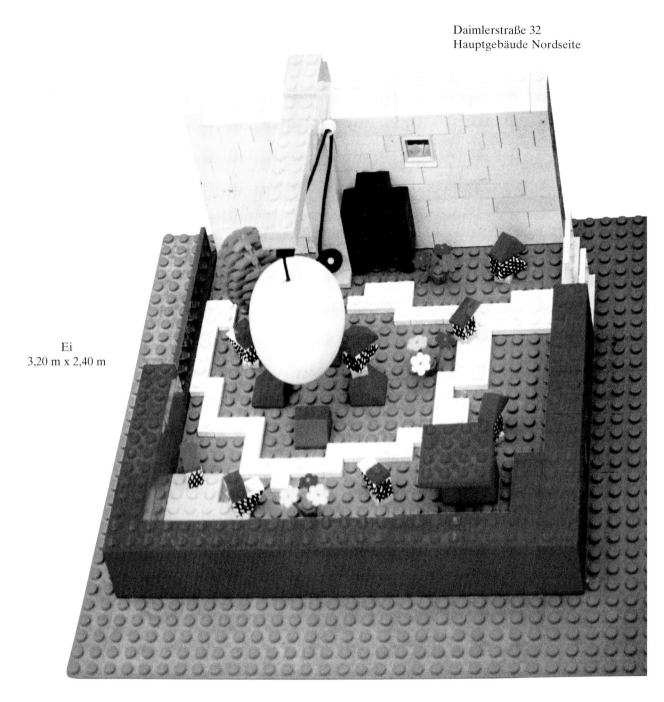

Daimlerstraße 32
Hauptgebäude Nordseite

Ei
3,20 m x 2,40 m

Hühnervogel
Flughöhe bis zu 1,50 m
Bruttauglichkeit sehr gut

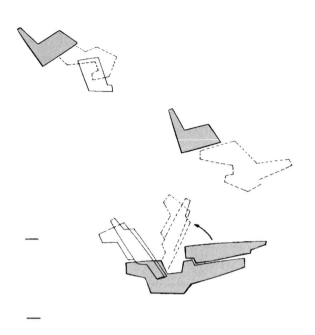

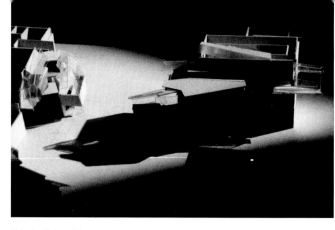

Abb. 1 : Gebäudekörper

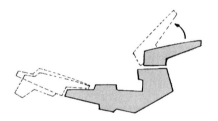

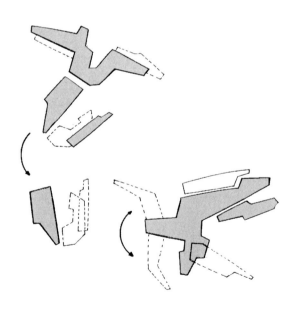

Abb. 2 : Bewegung der ersten Konfiguration (Generation 1)

Abb. 3 :Stadtausschnitt

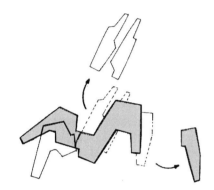

PROJEKT   160298
A VIRUS ON LOS ANGELES

Los Angeles liegt an der Westküste der Vereinigten Staaten
von Amerika.Entgegen den üblichen Strukturen amerikani-
scher Städte, die von europäischen Traditionen geprägt sind,
zeichnet sich die Athmosphäre durch die Manifestierung der
Go - West - Bewegung aus, die Siedler durch den gesamten
Kontinent bis an die Grenzen des Pazifischen Ozeans getrieben hat.

Grundriss von Los Angeles :
a. ein Raster nach carthesianischem System,
b. die organische Durchdringung von High- und Freeways.
Ein- bzw. max. zweigeschossige Bauten stellen innerhalb
dieses Rasters den Regelfall dar.

fractal :
a fractal object has two basic characteristics. infinite detail and
a certain autosimilitude between the parts of the object and
the total characteristics of the same.

Implantiert wird der Virus: Ein mobiles Fraktal mit einer
Basisform und daran gekoppelten Modulen, die durch
Inhabitant, Gebrauchsfunktion,Geländeoberfläche, timespace
und movability definiert sind (Abb. 1).
Diese Generation 1 dient der Verdoppelung des ursprüngli-
chen Carthesianischen Rasters (fluktuierend; Abb. 2 und 3)
und tritt in der Generation 2 die Rückreise an durch den
Kontinent in Richtung Osten.

wollust in epoxydharz gegossen
15 x 6 x 5 cm

...Nein, ich bin unschuldig an allem, meinen Geist neckt ein nichtiges Traumbild, das der Morgenschlaf entführen wird! Wie wäre es auch möglich, daß ich mich hätte entschließen können, lieber auf dem Rücken eines Untieres durch unendliche Fluten zu schwimmen, als in holder Sicherheit Blumen zu pflücken! 1)

...Durch die alte Sexualmoral zersplittert sich das weibliche Prinzip im Menschen in zwei Pole: Madonna und Hure....dabei wird das Mütterliche und das Seelische als gut, Verführung, Sexualität und **Wollust** aber als schlecht und minderwertig oder zumindest doch als nicht erstrebenswert eingestuft. 2)

Love, not War.…Sex, it turned out, is the key to the social life of the bonobo...The bonobos humanlike sexuality needed to be discovered in the 1970's before it became accepted as characteristic of the species...That sex is connected to feeding, and even appears to make food sharing possible has been observed not only in zoos but also in the wild...Given its peacemaking and appeasement functions, it´s not surprising that sex among bonobos occurs in so many different partner combinations, including between juveniles and adults. 3)

...Liebe wie Tod bedeuten die HIngabe an Übermächtiges, das Eintauchen in Unermeßliches. Liebe als etwas den Tod Überdauerndes, ja Überwindendes verheißt, den Kern dessen neu entdecken, was die Kirche bisher für sich reklamiert hat...Die christliche Religion ist die eigentliche Religion der Wollust. Die Sünde ist der große Reiz für die Liebe der Gottheit. 4)

...Die sexual-ökonomische Selbststeuerung, wie Reich sie sich vorstellte, ist darstellbar als ein einfaches kybernetisches System der Problembewältigung der gesamten sozialen Realität einschließlich der Sexualität..Jahrtausende alte Unterjochung des Trieblebens hat erst den massen-psychologischen Boden geschaffen, Autoritätsangst, Hörigkeit, unglaubliche Bescheidenheit auf der einen, sadistische Brutalität auf der anderen Seite, auf deren Grund sich eine 200 Jahre alte kapitalistische Profitwirtschaft austoben und erhalten kann. 5)

Was ist nun die Edle Wahrheit vom Weg, der zur Aufhebung des Leidens führt?
Zwei Extreme gibt es: die völlige Hingabe an sinnliche Vergnügungen, die niedrigen, gemeinen, gewöhnlichen, profanen, leeren, und die völlige Hingabe an die Selbstabtötung, die schmerzliche, profane, sinnlose; beiden Extremen ist der Vollkommene entronnen. 6)

...Den Vorteig mit Mehl bedecken, das zerlassene oder feingeschnittene Fett und die anderen Zutaten rings um den Teig geben, den Teig kneten, bis er sich von den Händen löst, noch einmal warm stellen zum Gehen, dann formen. 7)

...Und sooft er aus dieser häßlichen Bezauberung erwachte, sooft er im Spiegel sein Gesicht gealtert und häßlicher geworden sah,sooft Scham und Ekel ihn überfiel, floh er weiter, floh in neues Glücksspiel, floh in Betäubungen der Wollust, des Weinens, und von da zurück in den Trieb des Häufens und Erwerbens. In diesem sinnlosen Kreislauf lief er sich müde, lief er sich alt, lief sich krank......viele lange Jahre ohne Ziel, ohne Durst, ohne Erhebung, mit kleinen Lüsten zufrieden und dennoch nie begnügt. 8)

1) *Die Sagen des klassischen Altertums*, EUROPA *von Gustav Schwab*   2) *Die neue Sinnlichkeit von Hermann Meyer*   3) *The forgotten Ape von Frans de Waal*   4) *Novalis* 5) *Genital versus Prägenital, Die Großväter der sexuellen Revolution von Eckhard Siepmann* 6) *Die Lehren Buddhas von Jack Kornfield*   7) *Ich koche rasch und gut von Fridel Fischer* 8) *Siddharta von Hermann Hesse*

tina morhardt   lisette oberleitner   dagmar reinhardt   angela fette

Der Augenblick des Augenblicks

Was passiert eigentlich, wenn alle Menschen auf der ganzen
Welt synchron blinzeln? Was passiert in dem Moment, wenn
sie alle gleichzeitig die Augen zu haben?

Und dann in eine Zeitfalte geraten?

Mal gucken, was da passiert:
- die unwahrscheinlichsten Dinge, die keine Menschen sind,
zeigen ihre wahre Gestalt und entfalten sich hemmungslos
und ohne Rücksicht auf Verluste.
ein Dschungel aus Erkenntnisbäumen wird augenblicklich
sprießen und gedeihen. Wildwuchernde Erkenntnislianen bau-
meln von jeder Wand und auf der weiten Steppe der Serengeti
treibt Erkenntnisgras ungemäht sein grünes Unverwesen. Palmen
in Frankfurt, Gummibäume in Zwickau.
Zwinkeraugen können aber alles zunichte machen!
Weisheitsplankton und Verkenntnisalgen vertilgen den Sauerstoff
in der Städte Brunnen, die in besseren Zeiten die Stadt verschö-
nerten und den Bürgern Freude bereiteten.
Die Menschen fühlen sich langsam verdammt unwohl in ihrer
Zeitfalte. Sie leiden unter Kreislaufproblemen und Verspan-
nungen. Ihre Körper sind mit blauen und grünen Flecken über-
sät, da sie überall an-Ecken und nicht im Kreis.
Die Nicht- Menschen und Verwesen finden's gut und tun, wozu
sie lustig sind. Sie turnen in den Megamammuterkenntnis-
bäumen herum oder spielen Federball. Ich hab`selbst gesehen
wie 2 mir flüchtig bekannte Tiere sich von Erkenntniskrone zu
Erkenntniskrone hangelten. Also ich hab´ es gehört
natürlich.Klar.

i.A. anti-aging-system-control-company

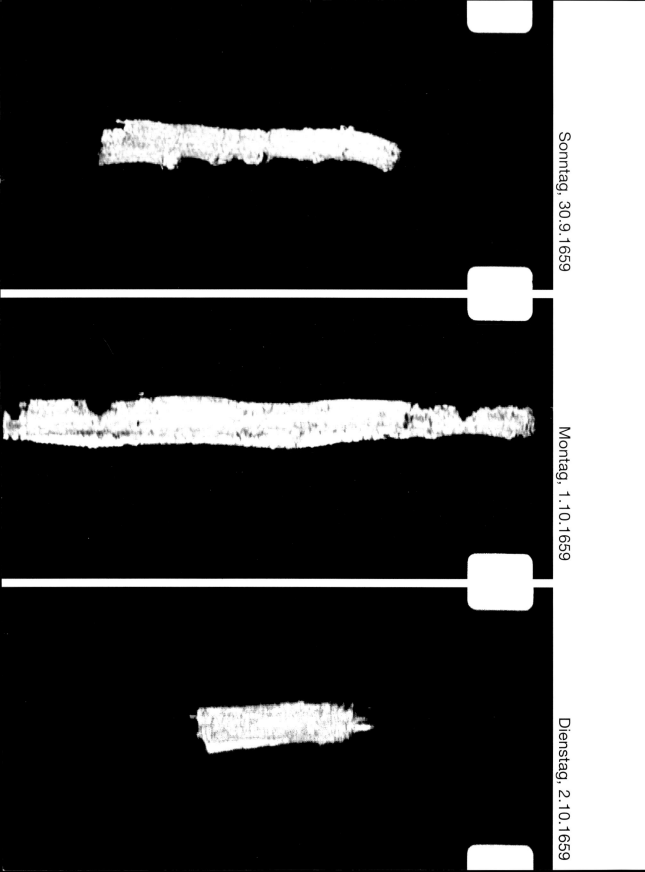

Robinson Crusoe, 16mm, 7 min., (1998)

Sonntag, 30.9.1659

Montag, 1.10.1659

Dienstag, 2.10.1659

Auswahl weiterer Robinson Crusoe- Filme:

Robinson Crusoe, UdSSR (1947)
R: Alexander Andriyevsky

Robinson Crusoe, FR/ IT (1951)
R: Jeff Musso

Las aventuras de Robinson Crusoe, MEX (1952)
R: Luis Bunuel

Robinson Crusoe on Mars, USA (1964)
R: Byron Haskin

Tu imagines Robinson, FR (1968)
R: Jean-Daniel Pollet

Robinson Crusoe and the Tiger, MEX (1969)
R: Rene Cardona Jr.

Robinson und seine wilden Sklavinnen, BRD/ F (1971)
R: Frank Hollmann

Il racconto della giungla, IT (1972)
R: Gibba

Zhizn i udivitelnye priklyucheniya Robinzona Kruzo
UdSSR (1972)
R: Stanislav Govoruchin

Robinson Crusoe, UK (1974)
R: James MacTaggart

Robinson Jr., IT (1976)
R: Sergio Corbucci

As aventuras de Robinson Crusoe, BRAZ (1978)
R: Mozael Silveira

Dobrodruzstvi Robinson Crusoe, namornika z Yorku
CZ/ BRD (1982)
R: Stanislav Latal

Robinson no niva, J (1987)
R: Masachi Yamamoto

Crusoe, USA (1988)
R: Caleb Deschanel

Robinson Crusoe, USA (1996)
R: Rod Hardy, George Miller

Pfrommer   Fleischmann   Reuter

Fortsetzung von S. 139

Notwendigste reduziert. Stabilität und Passierbarkeit müssen gewährleistet sein. Der Tunnel muß keinen dauerhaften Zweck erfüllen.

Baubeginn und Ausführung des Tunnelbaus

Nachdem die Verhandlungen mit den in Frage kommenden Institutionen abgeschlossen sind, werden die Baumaßnahmen mit einer feierlichen Grundsteinlegung eingeleitet. Die Grabungen und der Durchbruch des Tunnels werden von M. Pfrommer, D. Fleischmann und M. Reuter ausgeführt.

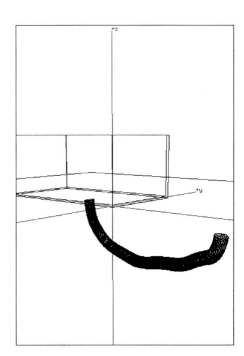

Archaische Fragmente

„... für mich ist dies die chiffrenhafte Umschrei-
bung für das zentrale Motiv einer meiner hier
vorgestellten Arbeiten, bei der das auslösende
Moment der künstlerischen Inspiration zugleich die Bearbeitungsweise der Materialien
impliziert. Zum einen das Fragment als
Bruchstück, ein bloßer Ausschnitt, heraus-
gelöst aus einem übergeordneten Ganzen und
zugleich dessen symbolischer, beziehungsvoller
Träger."

Archaisches Fragment mit Bespannung
(Eisen u. Hanfseil), Höhe 1,80 m

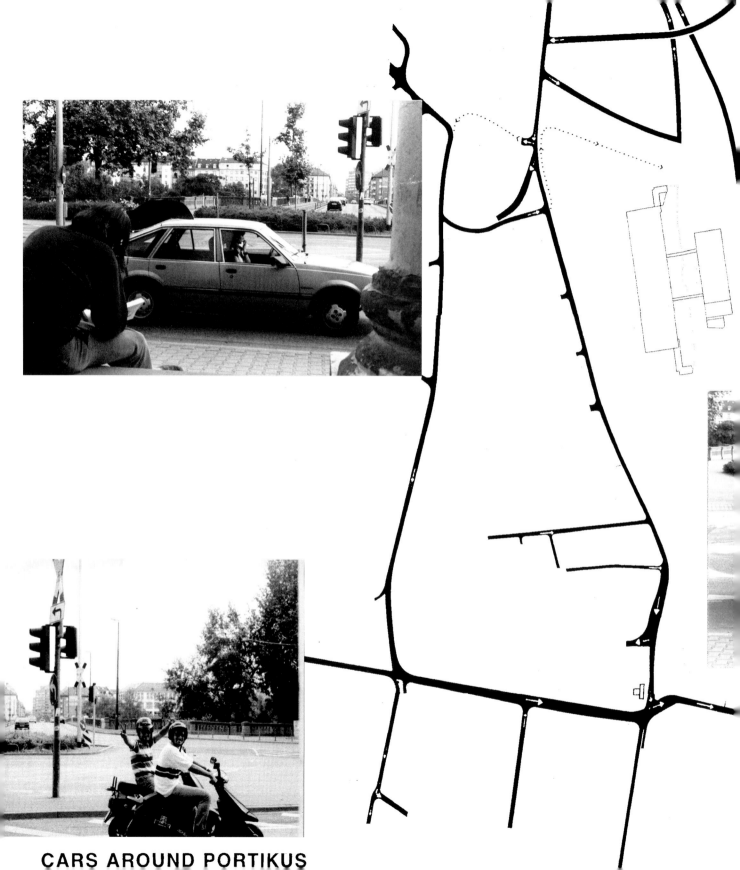

CARS AROUND PORTIKUS

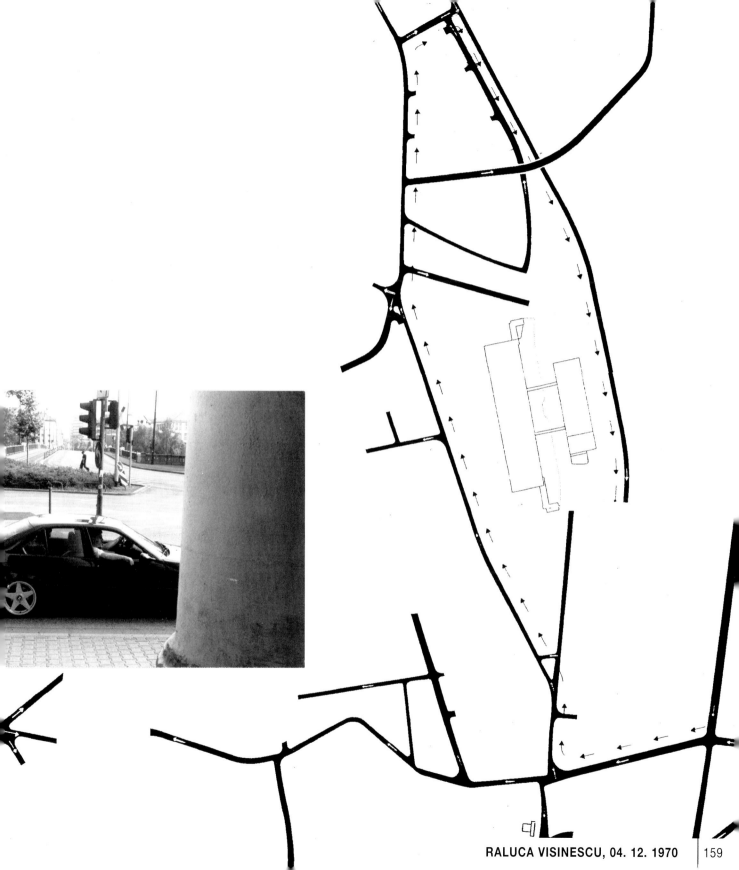

Die schärfsten Kritiker der Elche waren früher selber welche.

Gernhardt/Bernstein

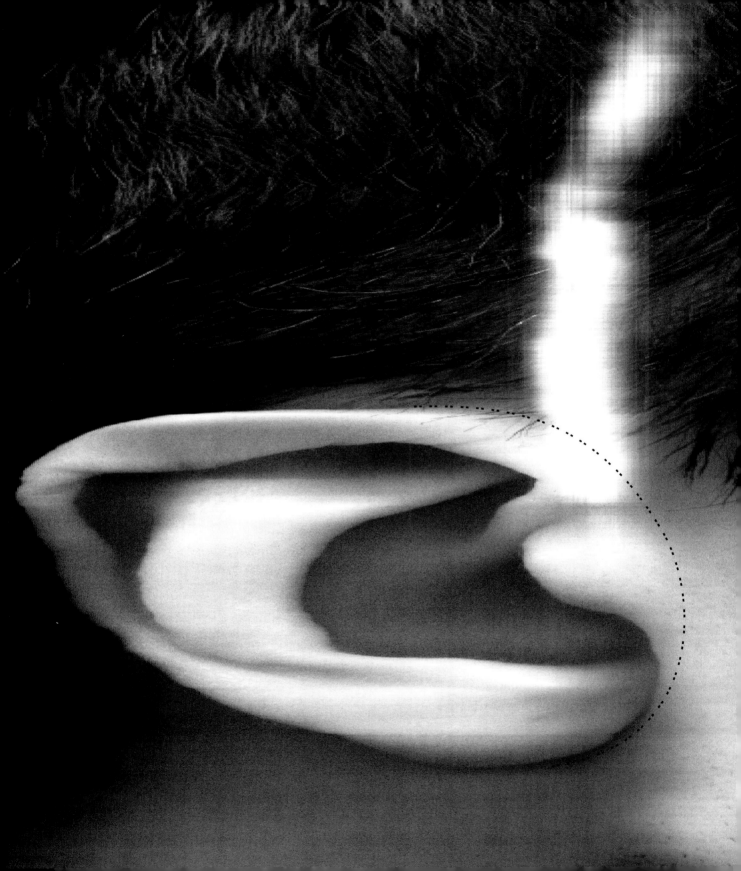

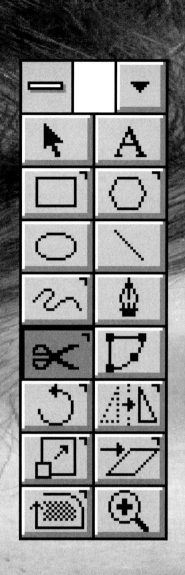

Ackermann, Sandra
* 26. 7. 1974 Cochem
seit 1997 Städelschule
Klasse Peter Angermann

Andersson, Katharina
* 18. 1. 1966 Lidköping/Schweden
seit 1993 Städelschule
1996 Slade School London
Klasse Georg Herold

Arendt, Helene
* 1. 7. 1965 in Dschambul/GUS
seit 1996 Städelschule
Klasse Peter Angermann

Beutler, Michael
* 20. 5. 1976 Oldenburg
seit 1997 Städelschule
Klassen Thomas Bayrle und
Georg Herold

Beyer, Heike
* 21. 5. 1967 Siegen
Studium HBK Braunschweig
seit 1996 Städelschule
Klasse Georg Herold
lebt in Frankfurt a.M. und Köln

Biesendorfer, Frank
* 8. 4. 1964
seit 1995 Städelschule
Klasse Peter Kubelka

Blum, Christoph
* 19. 1. 1969 Rüsselsheim
seit 1992 Städelschule
1997/98 Cooper Union New York
Klasse Hermann Nitsch

Borowiak, Christoph
* 19.12.1961 Frankfurt a.M.
seit 1997 Städelschule
Klasse Hermann Nitsch

Büch, Detlev
* 22. 5. 1971 Nürnberg
seit 1992 Ausbildung zum
Steinmetz und Steinbildhauer
seit 1995 Städelschule
Klasse Georg Herold

Bux, Peter
* 23. 5. 1964 Leipzig
seit 1992 Städelschule
1995 Kunstakademie Bergen
Klasse Hermann Nitsch
lebt in Leipzig

Callies, Michael
* 7. 7. 1962 Hanau
1994-98 Städelschule
Klasse Georg Herold
lebt in Frankfurt a.M. und Brüssel

Cengiz, Telat
* 24. 8. 1967 Hozat-Tungeli/Türkei
1985 -90 Dokuz Eylül Universität,
Akademie für Bildende Künste, Izmir
1990 Bethanienhaus Berlin
seit 1996 Städelschule
Klasse Hermann Nitsch

Choi, Sun Ah
* 15. 6. 1968 Pusan/Korea
1987-90 Studium an der
philosophischen Fakultät, Pusan
seit 1995 Städelschule
Klasse Georg Herold

Chung, Woon Hak
* 6. 2. 1965 Mokpo-City/Korea
1995-1997 Studium HBK
Braunschweig
seit 1997 Städelschule
Klasse Per Kirkeby

Dorfman, Simon
* 3. 3. 1977 Salem (Wis.)/USA
seit 1997 Städelschule
Klasse Peter Kubelka

Drexler, Hans
* 19. 5. 1972 Frankfurt a.M.
seit 1997 Städelschule
Klasse Enric Miralles

Elshorst, Tai
* 16. 8. 1973 St. Helens,
Tasmanien/Australien
1994-95 HfG Offenbach
seit 1995 Städelschule
Klasse Christa Näher

Ewert, Karsten
* 22. 5. 1972 in Hamburg
HBK Braunschweig
1993-98 Städelschule
1996 Studium Paris
1998 Meisterschülerabschluß bei
Hermann Nitsch

Feldbauer, Martin
* 13. 6. 1973 Passau
seit 1995 Städelschule
Klasse Thomas Bayrle

Ferriol, Jessica
* 4. 2. 1972 Frankfurt a.M.
seit 1996 Städelschule
Klassen Thomas Bayrle und
Georg Herold

Fette, Angela
* 22. 11. 1970 Hamburg
Studium HfG Offenbach
seit 1997 Städelschule
Klasse Peter Angermann

Fleischmann, Dirk
* 4. 10. 1974 Schweinfurt
1994 Kunstgeschichte FU Berlin
1995 FAG/Physik HU Berlin
1996 Theaterarbeit
1997 SKF
seit 1997 Städelschule
Klasse Hermann Nitsch

Fock, Carsten
* 7. 12. 1968 Weida
1995-97 HBK Kassel
seit 1997 Städelschule
Klasse Per Kirkeby

Göpfert, Sabine
* 15. 1. 1976 in Frankfurt a.M.
seit 1997 Städelschule
Klassen Thomas Bayrle und
Georg Herold

Hey, Arno
* 26. 11. 1964 Würzburg
1981-89 Lehre und Meisterschule
für Kunstschmiede, München
1989-92 HfG Aachen
1995 Bildhauerstudium Berlin
seit 1997 Städelschule
Klasse Hermann Nitsch

Hösch, Jessica
* 16. 5. 1968 in Erlenbach a.M.
1995-97 Studium der
Kunsttherapie FH Nürtingen
seit 1997 Städelschule
Klasse Hermann Nitsch

Honer, Axel
* 14. 4. 1973 Stuttgart
seit 1996 Städelschule
Klasse Thomas Bayrle

Horelli, Laura
* 30. 6. 1976 in Helsinki/Finnland
seit 1997 Städelschule
Klasse Peter Angermann

Horneber, Thomas
* 5. 8. 1969 in Bogen
seit 1997 Städelschule
Klasse Peter Angermann

Irmscher, Boris
* 23. 3. 1976 Ravensburg
seit 1997 Städelschule
Klasse Christa Näher

Jansen, Julia
* 7. 3. 1972 Bonn
seit 1993 Städelschule
1993 KHS Burg Giebichenstein,
Halle a. d. Saale
1995 Art Institute Chicago
1997/98 Slade School London
Klasse Thomas Bayrle

Jensen, Sergei
* 21. 7. 1973 Maglegaard/Dänemark
seit 1996 Städelschule
Klasse Thomas Bayrle

Juozénas, Ricardas
* 28. 3. 1964 Vilnius/Litauen
seit 1993 Städelschule
Klasse Per Kirkeby

Kaminsky, Anne
* 8. 7. 1971 Nyköbing Sj./Dänemark
seit 1993 Städelschule
1995 Skowhegan-Stipendium/USA
1997 Slade School London
1998 Academy of Fine Art Helsinki
Klasse Per Kirkeby

Kan-Delp, Larissa
* 23. 3. 1967 Istra, GUS
1984-89 Maurice-Thorez-Institut
für Fremdsprachen, Moskau
seit 1995 Städelschule
Klasse Thomas Bayrle
1997 Arbeitsstipendium in
Kaliningrad

Kilpper, Thomas
* 17. 7. 1956 Stuttgart
Kunstakademie Düsseldorf
seit 1996 Städelschule
Klasse Georg Herold

Kim, Soyeon
* 11. 2. 1971 in Seoul/Korea
1990-92 Chugye School of Arts
Seoul/Korea
seit 1994 Städelschule
1998 HBK Glasgow
Klasse Per Kirkeby

Kropff, Carolin
*6. 6. 1966 Brilon-Altenbüren
1990 Kunstakademie Düsseldorf
seit 1996 Städelschule
Klasse Christa Näher

Madariaga, Pili
* 25. 6. 1972 Concepcion/Chile
seit 1996 Städelschule
Klasse Peter Angermann

Kneidl, Franziska
* 12. 2. 1967 Bochum
1988-91 Lehre als Theatermalerin
Münchner Kammerspiele
1992-98 Städelschule
Klasse Christa Näher

Kroupitski, Evgueni
* 14. 2. 1969 St. Petersburg/GUS
1986-88 Hochschule für Elektro- u.
Nachrichtentechnik St. Petersburg
1993-95 Staatliche Akademie für
Kultur, St. Petersburg
1996-98 Städelschule
Klasse Peter Kubelka

McLean, Lucinda
* 22. 6. 1968 Melbourne/Australien
Architekturstudium University of
Melbourne
seit 1997 Städelschule
Klasse Enric Miralles

Kober, Thomas
* 30. 12. 1962 Frankfurt a.M.
1985-89 Studium der Sozialarbeit
Fachhochschule Frankfurt a.M.
1994-95 HfG Offenbach
seit 1995 Städelschule
Klasse Hermann Nitsch

Kurtz, Piotr
*17. 8. 1966 Lódz/Polen
1987-91 Bibliotheksassistent
Deutsche Bibliothek, Frankfurt a.M.
seit 1996 Städelschule
Klasse Peter Kubelka

Merz, Esther
* 30. 9. 1968 Dortmund
seit 1994 Städelschule
Klasse Thomas Bayrle

Krämer, Andreas
* 21. 12. 1973 Worms
seit 1994 Städelschule
1996 Studium, Madrid
Klasse Christa Näher

Kuznetsova, Natalia
*20. 7. 1974 Bischkek, Kirgisien
1991- 94 Architekturstudium
Kirgisien
1996-98 Städelschule
Klasse Georg Herold

Morhardt, Tina
* 4. 11. 1974 Frankfurt a.M.
seit 1998 Städelschule
Klasse Thomas Bayrle

Kraft, Karsten
* 14. 6. 1968 in Frankfurt a.M.
seit 1994 Städelschule
Klasse Hermann Nitsch

Lichtblau, Kerstin
* 3. 8. 1967 Bad Homburg v.d.H.
1988-94 Studium der
Kunstwissenschaft und Soziologie,
Frankfurt a.M.
seit 1997 Städelschule
Klasse Christa Näher

Müller, Stefan
* 10. 7. 1971 Frankfurt a. M.
seit 1997 Städelschule
Klasse Peter Angermann

Krause, Caroline
* 5. 5. 1967 Nürnberg
1986-92 Architekturstudium
TU München
seit 1993 Städelschule
Klasse Christa Näher
1997 Parsons School of Design
New York, MFA Painting Program

Lütje, Peter
* 11. 1. 1968 in Hamburg
1989-94 Studium, Hamburg und
Saarbrücken
seit 1994 Städelschule
1996-97 Studium Madrid
Klasse Christa Näher

Nel, Anna-Lisa
* 7. 4. 1971 Berlin
1993-94 Studium der Religions-
wissenschaft, Frankfurt a.M.
seit 1995 Städelschule
Klasse Per Kirkeby

Neumaier, Martin
* 3. 9. 1970 Hürth
seit 1992 Städelschule
Klasse Hermann Nitsch

Petri, Hans
* 2. 5. 1963 Bonn
1988-92 Studium der Volkswirt-
schaft, Politikwissenschaft, Kommu-
nikationsforschung, Bonn
seit 1992 Städelschule
Klasse Georg Herold

Raum, Judith
* 10. 2. 1977 Werneck
1996 Studium Philosophie und
Kunstgeschichte, Mainz
seit 1997 Städelschule
Klasse Per Kirkeby

Nitschke, Alexander
* 16. 4. 1970 Emden
seit 1998 Städelschule
Klasse Christa Näher

Pfrommer, Michael
* 6. 2. 1972 Leonberg
seit 1997 Städelschule
Klasse Hermann Nitsch

Reinhardt, Dagmar
* 14. 11. 1971 Hannover
1997 Diplom Architektur TU
Hannover
seit 1997 Städelschule
Klasse Peter Cook

Oberleitner, Lisette
* 20. 11. 1969
Bad Neustadt a.d. Saale
seit 1997 Städelschule
Klasse Enric Miralles

Piccio, Adriana
* 7. 2. 1976 Como/Italien
seit 1997 Städelschule
Klasse Christa Näher

Reuter, Mandla
* 23. 11. 1974 Nqutu/Südafrika
seit 1996 Städelschule
Klasse Peter Kubelka

Öztürk, Anny
* 19. 4. 1970 Istanbul/Türkei
seit 1995 Städelschule
Klasse Christa Näher

Pieroth, Kirsten
* 9. 10. 1970 Offenbach
seit 1992 Städelschule
Klasse Christa Näher

Riedel, Michael S.
* 12. 7. 1972 Rüsselsheim
1994-96 Kunstakademie Düsseldorf
seit 1996 Städelschule
1997/98 Ecole des Beaux-Arts Paris
Klasse Hermann Nitsch

Öztürk, Sibel
* 14. 7. 1975 Eberbach am Neckar
seit 1997 Städelschule
Klasse Christa Näher

Pohle, Sascha
* 21. 1. 1972 Düsseldorf
1991-92 Ausbildung zum
Siebdrucker
1995-96 Studium der Romanistik
und Allg. Sprachwissenschaften
seit 1996 Städelschule
Klasse Peter Angermann

Rindlisbacher, Daniel
* 23. 11. 1963 Burgdorf/CH
1986 Bildhauerlehre in Luzern und
Solothurn
1991 Kunstakademie Bologna
1994/95 HdK Berlin
seit 1995 Städelschule
Klasse Per Kirkeby

Otto, Justine
* 13. 4. 1974
seit 1996 Städelschule
Klasse Peter Angermann

Pressel, Dietrich
* 18. 12. 1964 Tübingen
seit 1997 Städelschule
Klasse Enric Miralles

Risch, Jens
* 25. 1. 1973 Rudolfstadt
HfG Offenbach
seit 1995 Städelschule
Klasse Thomas Bayrle

Röhrscheid-Hendrich, Anke
* 16. 9. 1965 Erfurt
1987 Studium der Kunstgeschichte,
Germanistik und Kunstpädagogik
seit 1994 Städelschule
Klasse Hermann Nitsch

Simon, Andrea
* 10. 6. 1971 Meißen
1987-91 Studium der Malerei,
Dresden
1991-96 Studium der Malerei,
Hamburg
seit 1995 Städelschule
Klasse Hermann Nitsch

Szikszay, Markus
* 12. 10. 1974 Langen
seit 1996 Städelschule
Klasse Thomas Bayrle

Schreiner, Bernhard
* 23. 6. 1971 Mödling/Österreich
1992-98 Städelschule
Klasse Peter Kubelka

Snyder, Sean
* 24. 2. 1972 Virginia Beach,
(VA)/USA
1990-91 Rhode Island School of
Design, Providence RI
1991-92 Boston University, MA
seit 1993 Städelschule
Klasse Per Kirkeby

Thöne, Stephanie
* 15. 4. 1966 Dortmund
1989-96 Architekturstudium
TU Berlin
seit 1997 Städelschule
Klasse Enric Miralles

Schultz, Oliver
*25. 11. 1966 Hadamar
1987-88 Philipps Universität
Marburg
1988-96 Johannes Gutenberg
Universität, Mainz
1997-98 Städelschule
Klasse Christa Näher

Stanojev, Valentina
24. 9. 1970 Köln
1992-93 Studium der Kunstgeschichte in Frankfurt a.M.
seit 1994 Städelschule
Klasse Peter Angermann

Tüchsen, Oliver
* 25. 5. 1971 Porto/Portugal
1989-92 Ausbildung zum Textilveredler
1995-97 Ausbildung zum Land-
schaftsgärtner
seit 1997 Städelschule
Klasse Hermann Nitsch

Schweitzer, Christian Coloman
* 27. 4. 1971 Linz/Österreich
Architekturstudium
seit 1997 Städelschule
Klasse Enric Miralles

Steimer, Béatrice
* 20. 2. 1973 Frankfurt a.M.
1997-98 Städelschule
Klasse Peter Angermann

Ullmann, Katja
* 17. 6. 1967 in Groß-Gerau
seit 1995 Städelschule
Klasse Christa Näher

Seidemann, Thomas
* 6. 7. 1965 Hamburg
seit 1996 Städelschule
Klasse Georg Herold

Stöhrer, Sebastian
* 21. 3. 1968 Freiburg
seit 1993 Städelschule
Klasse Thomas Bayrle

Vatter, Matthias
* 23. 10. 1967 Weinheim a.d.
Bergstraße
seit 1996 Städelschule
1998 Studium Rotterdam
Klasse Thomas Bayrle

Sheade, Anya
* 13. 8. 1971 Los Angeles, (Ca.)/
USA
seit 1994 Städelschule
Klasse Hermann Nitsch

Strössinger, Fatma Aydinei
* 22. 3. 1969 Istanbul/Türkei
Studium der Malerei, Marmarz
Universität Istanbul
seit 1994 Städelschule
Klasse Hermann Nitsch

Visinescu, Raluca
* 4. 12. 1970 Bukarest/Rumänien
seit 1996 Städelschule
Klasse Enric Miralles

Weyer, Anke
* 23. 5. 1974 Karlsruhe
seit 1995 Städelschule
Klasse Per Kirkeby

Wolff, Alexander
* 22. 2. 1976 in Osterburg/
Magdeburg
seit 1996 Städelschule
1997/98 Studium Paris
Klasse Peter Angermann

Yalcindag, Ekrem
* 21. 7. 1964 Gölbasi/Türkei
seit 1994 Städelschule
Klasse Hermann Nitsch

Yang, Haegue
* 12. 12. 1971 Seoul/Korea
1994 BFA Abschluß an der Seoul
National Universität Korea
seit 1996 Städelschule
1997 Cooper Union New York
Klasse Georg Herold

Zaiser, Phillip
* 17. 9. 1969 Hannover
seit 1993 Städelschule
1998 Cooper Union New York
Klasse Thomas Bayrle

Zipp, Thomas
*21. 9. 1968 Heppenheim
seit 1992 Städelschule
Klasse Thomas Bayrle